RÉCLAMATIONS

POUR

LE S^R CHARLES - MARIE CANALÈS-OGLOU,

PROPRIÉTAIRE,

SEUL ET UNIQUE HÉRITIER

DE FEU S^R JEAN-MARIE-ALIX DE BOULLON MORANGE,

DEMEURANT A PARIS, RUE DE L'OURSINE, N° 116, *DEMANDEUR:*

CONTRE Dame MARIE - ÉLISABETH - ÉMILIE AUBOURG, veuve du Sieur LÉONARD ROBIN, décédé Commissaire du Gouvernement près le Tribunal Civil du Département de la Seine, et Membre du Tribunat;

ET encore contre le Sieur LOUIS-LÉONARD ROBIN, se prétendant fils et unique héritier dudit Sieur LÉONARD ROBIN;

Et tous les deux se disant demeurer, l'un à Paris, et l'autre à Rouen; mais tous les deux, sans aucun domicile, ni de fait, ni de droit; DÉFENDEURS:

ADRESSÉES

A SA MAJESTÉ NAPOLÉON-LE-GRAND,

EMPEREUR DE FRANCE, ET ROI D'ITALIE.

Prædæ tàm cæca cupido est!
OVIDE.

Rien de plus effréné que la convoitise du bien d'autrui !

Charles - Marie CANALÈS-OGLOU,

NÉ SEIGNEUR ILLUSTRISSIME TURC,

DE LA FAMILLE

DES SCHÉRIFS OU DESCENDANS DE MAHOMET,

NATURALISÉ FRANÇAIS,

ET, PAR LA GRACE DIVINE, PROFESSANT LA RELIGION
CATHOLIQUE, APOSTOLIQUE ET ROMAINE:

A S. M. NAPOLÉON-LE-GRAND,

EMPEREUR DE FRANCE, ET ROI D'ITALIE:

SALUT, HONNEUR ET RESPECT, PROSPÉRITÉ,
JOIE ET SANTÉ, A TOUJOURS.

SIRE,

DEUX jeunes seigneurs Turcs, cousins-germains, issus de l'illustre famille des schérifs ou descendans de Mahomet ; tous deux, à l'âge de quinze ans, enflammés du noble desir d'embrasser le christianisme, forment et exécutent le dessein, comme de concert (sans cependant s'entre-communiquer), de quitter la maison paternelle,

EXORDE.

se souciant peu de paraître mépriser une fortune immense, et fouler aux pieds les honneurs et les grandeurs attachés invariablement à leur Caste, si en vénération à tous les Musulmans : en conséquence, ils viennent tous deux se réfugier en France (mais à deux époques différentes), où, après une infinité de traverses, ils jouissent de la douce satisfaction de se réunir.

L'un, ayant d'abord débarqué à Marseille, passe en Espagne, où cette cour s'empresse de le combler d'honneurs et de bienfaits.

L'autre, venant directement à Paris, est semblablement comblé d'honneurs et de bienfaits par la cour de France.

Le premier, fatigué des tracasseries et des procès que lui suscite en Espagne la cupidité d'Envieux puissans, vient demeurer à Paris, où une heureuse rencontre lui fait resserrer étroitement les liens du sang et de l'amitié avec son parent, lequel était aussi en butte à la jalousie de Personnages puissans qui lui faisaient éprouver mille chicanes pour lui envahir les bienfaits du roi.

L'intendant de ce parent, (un sieur Robin, se disant avocat, mais du nombre de ces faiseurs d'affaires dont pullule la capitale), n'ayant d'autre fortune que l'industrie de son travail précaire, et convoitant sourdement les riches possessions de son maître (de plus de deux millions), prend ombrage de cette intimité expansive entre les deux cousins.

(5)

A peine les troubles volcaniques de la révolution française commencent-ils à s'exploser au mois de juillet 1788, que le cher cousin du réclamant (le maître de cet intendant) tombe tout-à-coup dans une langueur déplorable, dont les symptômes trop expressifs donnent lieu aux plus sinistres soupçons.

Alors, cet intendant, ne perdant pas un seul moment pour mettre à profit la dernière heure de son maître, de laquelle il s'était rendu l'arbitre souverain, s'en fait déclarer secrètement légataire universel par un testament fabriqué dans la nuit des ténèbres, et concerté depuis longues mains entre lui, un exécuteur-testamentaire et deux notaires, tous les trois associés pour le partage de son crime.

Hypocrite habile, sachant que la piété de son maître était généralement connue et estimée, il feint d'insérer dans ce testament une foule de legs pieux, dont il se joue dans l'exécution : il ne respecte pas davantage une rente viagère qu'il y avait aussi fait insérer pour un fidèle valet-de-chambre, ancien serviteur du moribond, qui, obligé de plaider pour en arracher quelques lambeaux, en meurt de douleur et de chragrin.

Ce prétendu légataire universel, dans l'espoir d'en imposer toujours de plus en plus, entasse une foule d'autres legs pour des sommes énormes en faveur d'êtres inconnus ou au moins indifférens, tous lesquels legs il fait ensuite adroitement tourner à son profit seul : en se faisant déclarer créancier d'une somme de 70,000 liv., payable par privilège et préférence à tous autres legs, tandis que, par ses propres aveux et écrits, il était lui-même débiteur.

Mais il n'a garde de glisser le plus léger souvenir du cher cousin du prétendu testateur (pour lors absent dans une de ses terres, à plus de 60 lieues de Paris), expressions de *cher cousin*, familières dans les lettres et les entretiens de celui-ci avec le réclamant, auquel il avait dit, tant de fois publiquement et en particulier, que lui seul était et devait être son unique héritier, comme étant le seul parent qu'il eût à réclamer dans tout l'univers.

Qui le croirait ! toute la trame de ce testament, fait, dicté et nommé par le testateur, contenant huit pages d'expédition en minute, s'exécute en moins d'une heure, au milieu de la nuit (déclaration précise des notaires), dans la chambre du moribond; de laquelle le prétendu légataire universel, présent avec les notaires, scribes et rédacteurs, avait eu soin de faire sortir impérativement médecins, domestiques, garde-malade et toute espèce de témoins!

Mais hélas encore ! ce testament, prétendu fait, dicté et nommé par un moribond, décédé quelques instans après, et initié, en ce terrible moment, pour la première fois de sa vie, dans les termes techniques du *Parfait-Notaire*, est antidaté de quinze jours! il n'est pas même revêtu de sa véritable signature !

Et, par une autre suite de rapines, le droit d'aubaine, à

titre de déshérence, que l'on ose avancer aujourd'hui avoir été exercé par le Domaine, en 1789, sur la succession du testateur, n'a pas même l'ombre d'existence ! Il y a plus : le Domaine ne connaît même pas les jugemens préparatoires et interlocutoires que l'on prétend avoir été rendus par le bureau de la chambre du Domaine ; jugemens néanmoins que l'on a osé faire signifier tout récemment en désespoir de cause ! ! !

SIRE, il est peu d'exemples de ressorts aussi perfides et aussi astucieux que ceux mis en jeu par cet intendant, pour s'emparer des dernières dépouilles de son maître, au préjudice de son légitime héritier !

Mais, ô admirable Providence ! à peine cet intrus se croit-il paisible possesseur du fruit de sa criminelle usurpation, que celui qui sonde les cœurs et les reins, et se joue des vains projets des mortels, le cite à son tribunal redoutable, en se servant de la main même de cet usurpateur !

Aujourd'hui, la veuve et un *soi-disant* fils unique de cet intendant s'entre-disputent le riche patrimoine qu'il a osé envahir contre tous droits des gens ; patrimoine qui, de fait et de droit, n'appartient et ne peut appartenir qu'au *cher cousin*. Aussi, celui-ci vient-il avec confiance, le revendiquer aux yeux pénétrans de la justice !

Le jugement du Tribunal civil, seconde section, du département de la Seine, du 4 février 1806, quoique présenté sous les brillantes couleurs d'un jugement contradictoire en faveur de la dame veuve Robin et du sieur Robin, fils, bien loin de former le moindre préjugé désavantageux contre les réclamations du *cher cousin*, ne fait, au contraire, que les affermir davantage.

D'abord, ce jugement, dans son préambule même, porte un caractère sensible de ces jugemens, dits techniquement au Palais de Justice, *jugemens d'expédiens*, c'est-à-dire, de *convenance*, avisés pour *causes*, et malheureusement trop souvent pratiqués entre les avoués et les défenseurs officieux respectifs, malgré l'œil vigilant de la loi : triste vérité, au reste, dont il est facile de se convaincre par le dossier de la procédure du sieur *Canalès-Oglou* (le *cher cousin*), qui, ne renfermant qu'une très-laconique demande, dénuée de pièces et de moyens à l'appui, n'offre ensuite qu'une longue série fastidieuse d'avenirs et de remises de cause, matière abondante d'ampliation de salaires frustratoires qui n'en sont pas moins exigés impérieusement par des défenseurs avides : abus monstrueux dans l'ordre judiciaire, qu'il faut espérer devoir faire un jour l'objet d'une sévère réforme (1).

Le sieur Canalès-Oglou ne craint pas de dire que ses défenseurs officieux, les sieurs *Thevenin* et *Monin*, et le sieur *Perrache*, son avoué, parfaitement d'intelligence

---

(1) On a vu, dans une même affaire, des remises de cause constamment à chaque audience, pendant deux années consécutives. De là, très-souvent, *des jugemens d'expédiens* à l'insçu des parties !

avec le sieur *Bonnet*, défenseur officieux de la dame veuve Robin et du sieur Robin, fils, et les sieurs *Desrez* et *Charpentier*, leurs avoués, ont gardé un criminel silence sur toutes les pièces justificatives, qu'ils avaient en mains, de son droit incontestable à la succession de son parent, lors du jugement du Tribunal civil, du 4 février 1806.

Au reste, ce jugement, purement d'*expédient*, au profit des héritiers Robin, s'écroule de lui-même dans le néant; puisqu'il est basé sur deux jugemens de la chambre du Domaine, desquels on a tout lieu de douter de la sincérité, d'après un certificat et deux lettres d'un personnage respectable, qui, chargé spécialement des intérêts du Gouvernement, dans la partie du Domaine, assure positivement que le Domaine n'a rien à prétendre dans la successon du parent du sieur Canalès-Oglou, qu'elle appartient entièrement à celui-ci, à l'exclusion des héritiers Robin, et que ceux-ci lui en doivent rendre compte avec restitution des fruits.

SIRE, tel est le développement que l'on se propose, et dans les faits, et dans les moyens de cette étrange affaire, desquels la seule idée est déjà si redoutable aux adversaires, qu'aujourd'hui, saisis de frayeur et de crainte, ils n'osent plus habiter aucun domicile fixe, pas même celui qu'ils ont élu juridiquement, où ils sont absolument inconnus, ainsi que dans tout le quartier.

SIRE;

<small>NARRATION.</small>

CHARLES-MARIE CANALÈS-OGLOU, né Turc, nommé, en la maison paternelle, Amet-Mémis; et JEAN-MARIE-ALIX DE BOULLON MORANGE, aussi né Turc, nommé, en la maison paternelle, Méhémet-Aly, sont issus de deux frères, à Philadelphie, dans l'Asie mineure, sous la domination du Grand-Seigneur; de la maison des *husseins*, descendans de *Mahomet*, par *Aly* son gendre, et par *Fatime* sa fille; famille connue sous le nom de *schérifs* (nom arabe signifiant lignée ou postérité de *Mahomet*), laquelle a seule le droit exclusif, avec le Grand-Seigneur, de porter le Turban vert : tels jadis, en France, le Roi et les Ducs et Pairs qui avaient seuls le droit d'être décorés du Cordon bleu : marques de distinction, qui, quoique puériles aux yeux du philosophe, n'en flattent pas moins la vanité ! *Nugæ nugarum sunt blanditiæ*, dit *Saint-Grégoire* de Tours.

La branche de la famille d'*Amet-Mémis* et de *Méhémet-Aly* (ou des sieurs Canalès-Oglou et de Boullon Morange), est connue, dans tout l'Empire Ottoman, sous le nom de *Tchair-Oglou* (nom signifiant *fils de la prairie*). Tous les noms orientaux, donnés à chaque individu, dérivent ordinairement d'objets plus ou moins sensibles, comme on le voit dans la plupart des noms des patriarches ou autres personnages célèbres de la Bible. Le préjugé seul frappe l'esprit vulgaire.

Cette famille *Tchair-Oglou* possède, dans la Natolie, au territoire de Philadelphie, de vastes domaines, et plusieurs *Timars* qui sont des seigneuries particulières conférées par le Grand-Seigneur, à titre de redevances militaires, personnelles ou réelles, et souvent personnelles et réelles; tels jadis, en France, les fiefs tenus noblement, ou à titre de foi-hommage-lige, ou à titre de foi-hommage.

Une lettre, écrite de la propre main de l'ambassadeur Ottoman en France, *Seyd-Aly-Effendy*, datée du mois de prairial an 10, et par lui adressée au sieur Canalès-Oglou, atteste la haute considération dont jouit dans toute la Turquie la famille *Oglou*, de laquelle chaque branche retient toujours à son prénom, le nom d'*Oglou*.

Comme les héritiers du sieur Léonard Robin, ainsi que leurs partisans, pour détourner l'attention sur la restitution des vols et des brigandages dudit sieur Robin, ont adroitement employé jusqu'alors les armes si meurtrières du ridicule, tant sur les réclamations du sieur Canalès-Oglou, que sur sa naissance et celle du sieur de Boullon Morange, son cousin-germain; on joindra ici un extrait de leurs vies politiques.

Vie politique d'AMET-MÉMIS, *aujourd'hui sieur* Canalès-Oglou.

Le sieur Canalès-Oglou naquit en 1736. Son père, improprement dit *Soliman*, s'appelait *Solymana*, bacha de Smyrne, tué au siège de Bender, au mois de mai 1770, dans la bataille qui y fut livrée contre les Russes, où il paya généreusement de sa personne, en qualité de lieutenant-général.

Sa mère se nommait *Marie-Antoinette Canalès*, née d'une noble famille dans la Catalogne, province d'Espagne. Elle eut le malheur, à son printems, d'être captive : ses graces la conduisirent dans le sérail de *Solymana*, où elle conserva toujours les plus purs sentimens pour la religion chrétienne qu'elle insinua dans le jeune cœur de son fils *Canalès-Oglou*, dès sa plus tendre enfance. On ignore le tems de la mort de cette respectable mère.

On expliquera, dans le développement des preuves, les raisons qui empêchent de justifier de la naissance du sieur *Canalès-Oglou*, par des actes authentiques émanés des autorités constituées en Turquie, et comment l'on y supplée par d'autres actes non moins équivalens.

Le sieur Canalès-Oglou, à l'âge de quinze ans, touché des pieuses exhortations de sa tendre mère, et pressé intérieurement par sa conscience, s'adressa à M. de Peyssonnel, consul-général de France à Smyrne, qui, pour seconder son généreux dessein, le confia à des Missionnaires Capucins retournant en France. Des lettres de M. de Peyssonnel, jointes aux pièces, prouvent combien il en était connu avantageusement.

Il débarqua en 1753 à Marseille, où il fut présenté par

les Missionnaires Capucins à Monseigneur de Belloy, qui en était pour lors évêque, et qui, aujourd'hui, remplit si dignement le siège archiépiscopal de Paris. Un certificat donné par son Eminence, le 21 vendémiaire an 11, joint aux pièces, atteste le fait.

Il demeura six mois dans la maison des Récolets de Marseille, apprenant les grands principes de la foi, et commençant en même tems un cours d'études. Il passa ensuite dans la Catalogne, pays de la famille de sa mère, où il acheva ses humanités. Il fut baptisé à Cadix, le 30 janvier 1762 : son extrait baptistaire, joint aux pièces, annonce que la cérémonie de son baptême se fit avec solemnité, et qu'il eut pour parrain un savant personnage du pays.

De là, il se rendit à Madrid, où il se maria, et eut trois enfans qui sont aujourd'hui au service de Sa Majesté Catholique.

Le roi d'Espagne, informé de sa race illustre, lui donna, le 20 septembre 1774, un brevet de survivance de capitaine des gardes de son palais, à Rome; il lui accorda des lettres de naturalité, le 15 juillet 1777. Sa Majesté, voulant le mettre à même de mener un genre de vie conforme à sa naissance, lui concéda, en toute propriété, le territoire de Bianvilla, en Castille, sur trois lieues de long, et environ une lieue de large.

La place de capitaine des gardes de Sa Majesté Catholique en son palais à Rome, ne s'accorde qu'à des colonels ou à des lieutenans-colonels, et le grade de colonel, qu'à des Grands d'Espagne.

Un autre usage aussi en Espagne, fondé sur des considérations de prudence, est de ne point donner de survivance d'aucun emploi. Mais les sentimens connus d'honneur et de probité du sieur Canalès-Oglou firent passer sur cette politique.

Voici la lettre qui fut écrite à ce sujet, le 20 septembre 1774, par M. de Grimaldie, ministre des affaires étrangères du roi d'Espagne, à M. le comte de Floride-Blanche, son ministre à la cour de Rome : cette lettre, traduite sur l'original espagnol, a été collationnée par M. Charles *Villette,* secrétaire-interprête de la Commune de Paris.

« Ordre de Sa Majesté Catholique, expédié par Monsei-
» gneur le marquis de Grimaldie, ministre et secrétaire
» d'Etat, écrit à M. le comte de Floride-Blanche, ministre
» de Sa Majesté à la cour de Rome.

» Monseigneur,

» Dom Charles-Marie Cañalès, fils de défunt Solymana,
» bacha de Smyrne, décédé le 13ᵉ jour de mai 1770, dans
» le siège de Bender, et d'une Espagnole, naturelle de
» Catalogne, a sollicité que le roi lui accordât la survivance
» de capitaine des gardes de son palais; suivant la coutume
» que Sa Majesté observe de n'accorder survivance, il a
» résolu de le tenir présent, quand ledit emploi serait

» vacant. C'est pourquoi, de son royal Ordre, je le commu-
» nique à votre Grandeur, parce que quand l'occasion arri-
» vera, votre Grandeur, en attendant, se ressouvienne
» de la résolution de Sa Majesté, en favorisant le susdit dom
» Charles de tout ce qu'il aura besoin, et dépendra des
» facultés de votre Grandeur.

» Dieu garde à votre Grandeur beaucoup d'années.

» Fait à St.-Ildefonce, le 20 septembre 1774. *Signé* en
» l'original, *le marquis de Grimaldie.*

» A M. *le comte de Floride-Blanche.* »

Les actes de tous ces témoignages d'honneur et de bienfai-
sance sont joints aux pièces : on les rapporterait ici bien plus
au long avec la plus grande satisfaction, s'ils n'excédaient les
bornes d'un simple Mémoire : mais on se réserve d'en extraire
plus particulièrement quelques fragmens dans le développement des preuves. Cependant, on n'hésite pas d'assurer
qu'on y rencontre à chaque pas des marques géminées de
la plus haute considération dont jouissait le sieur Canalès-
Oglou, tant auprès des Grands d'Espagne, qu'auprès de
l'ambassadeur de France et des autres ambassadeurs.

Comme toutes les joies et les plaisirs de ce monde passent aussi rapidement que l'éclair, ou que le feu d'étoupes
à l'intrônisation du Saint-Père à Rome, tant de si brillans
avantages s'évanouirent presqu'en un moment pour le
sieur Canalès-Oglou! Des ennemis redoutables (le Chapitre
de Siguenza) entreprirent de lui contester les bienfaits du

Roi catholique ; Sa Majesté ne jugea pas à propos de s'en expliquer particulièrement. Il perdit en même tems la tendresse de son épouse ; cette dernière affliction le toucha si sensiblement, qu'il se détermina à établir sa demeure à Paris, où, par la suite, il fit venir ses enfans : il avait déjà précédemment fait deux fois le voyage d'Espagne à Paris, avec son épouse, pour des affaires particulières. Ceci arriva en 1781.

Les Economats et le Clergé, instruits de sa résolution de se fixer en France, et du sacrifice qu'il avait fait de ses grands biens en Turquie, uniquement pour embrasser la religion chrétienne, s'empressèrent de lui assigner une pension par des actes authentiques. Ce fait est facile à vérifier sur les procès-verbeaux de *l'Agence*.

Dans ces entrefaites, il fit l'heureuse rencontre du sieur de Boullon Morange, son cousin-germain, avec lequel il contracta la plus étroite amitié, qui ne fut jamais altérée d'un seul instant, jusqu'à la mort funeste de ce cher parent.

En 1787, il acquit la terre de Bellevue, près Verdun en Lorraine (aujourd'hui département de la Meuse), où il allait passer une partie de l'année, pour s'adonner singulièrement à l'agriculture ; ayant pour amis tous les honnêtes gens du pays, du nombre desquels était particulièrement monsieur l'évêque de Verdun, qui venait fréquemment lui demander à dîner.

Le sieur Canalès-Oglou, quoique retiré à la campagne,

n'entretenait pas moins une correspondance suivie avec le sieur de Boullon Morange, son parent : des lettres de celui-ci, jointes aux pièces, apprennent ces particularités.

Ces détails, tout minutieux qu'il paraissent, sont cependant fort essentiels à connaître, pour dissiper les impressions ridicules que les héritiers Robin et leurs partisans cherchent à jeter sur le compte du sieur Canalès-Oglou, en le traitant d'aventurier et d'homme sans aveu.

En 1789 et 1791, des affaires particulières l'ayant appelé en Angleterre, il n'y séjourna qu'autant de tems qu'il lui en fallut pour les terminer. On en puise la preuve dans deux certificats, l'un signé de M. de la Luzerne, ambassadeur de France auprès de sa Majesté Britannique ; et l'autre, par M. Barthélemy, ministre plénipotentiaire de France auprès de sadite Majesté Britannique : ces deux certificats sont joints aux pièces.

Le sieur Canalès-Oglou n'a jamais émigré : un certificat de résidence à lui délivré par la section des Quinze-Vingts de la commune de Paris, le 17 brumaire an 2, en administre la preuve : ce certificat est joint aux pièces.

Sa première épouse étant venue à mourir, et leurs enfans s'en étant retournés en Espagne, où ils sont, comme on l'a déjà rapporté, au service de sa Majesté catholique, il convola en secondes noces, en l'an 3, avec une demoiselle bien née, de laquelle il lui reste trois enfans, l'espoir de sa vieillesse : l'aîné fait ses études au Prytanée.

Lors de la naissance de son dernier enfant (*Isaac-Prosper Oglou*, né le 9 messidor an 11), l'ambassadeur de la Porte Ottomane l'honora d'une fête brillante ; son intendant, *Mémet-Sallé*, en fut le parrain : la preuve en est jointe aux pièces.

Pour achever de dissiper toutes les mauvaises plaisanteries que s'est permises, en plein barreau, un sieur *Bonnet*, défenseur officieux des héritiers Robin, sur l'honneur et la probité du sieur Canalès-Oglou, le traitant d'aventurier, etc.., on rapportera ici, tout au long, un certificat qui lui a été donné, en 1785, par des personnages de la plus haute distinction :

« Nous, soussignés, certifions, à tous ceux qu'il appar-
» tiendra, que le sieur Charles-Marie Canalès-Oglou, fils
» de Solymana, bacha de Smyrne, et d'Antoinette Ca-
» nalès, esclave chrétienne, Catalane de nation, ainsi qu'il
» est dit dans son extrait baptistaire, daté de Cadix, le 30
» janvier 1762; dans les différens séjours qu'il a faits à
» Paris dans l'espace de seize années, et, en dernier lieu,
» depuis trois ans qu'il y réside, s'y est toujours comporté
» en homme d'honneur, et sans donner la moindre atteinte
» à sa probité; que la conduite qu'il a tenue lui a concilié
» l'estime et la bienveillance de toutes les personnes qui le
» connaissent, et qui, par-là même, s'intéressent à son
» sort; qu'il est digne de la protection des âmes honnêtes
» et compatissantes, par les sacrifices qu'il a faits à la reli-
» gion, des avantages auxquels sa naissance lui donnait des

» droits dans sa patrie, circonstance qui lui a mérité, de la
» part des Economats et du Clergé de France, une pension
» annuelle, quoique modique ; que tous les sentimens qu'il
» a manifestés et pratiqués sous nos yeux, n'ont point été
» altérés par ses malheurs et son infortune. C'est une justice
» que nous devons au sieur Canalès-Oglou, et que nous
» lui rendons avec plaisir par le présent certificat que nous
» lui avons délivré, muni du sceau de nos armes, pour
» lui servir et valoir ce que de raison.

» A Paris, le 3 février 1785. *Le Marquis de Mirande. Comte d'Orvilliers. Drouyn-de-Vaudeuil*, ancien premier-président du Parlement de Toulouse, conseiller d'état. *Berthelot-de-Lavilleurnoy*, maître des requêtes. *Vaudeuil-de-Lavilleurnoy*, maître des requêtes. *Drouyn-de-Vaudeuil*, conseiller au Parlement. *Le Comte de Polignac. La Comtesse de Polignac. Le Comte A. C. de Polignac.* † *A. L. E. I.*, archevêque de Paris. *Vicomtesse de Thuys. Drouyn, Vicomte de Thuys*, brigadier des armées du Roi. *Le Bailly de Breteuil.* »

Le sieur Canalès-Oglou n'était pas seulement connu de puissans Seigneurs de l'ancienne Cour; mais il avait encore l'honneur d'être protégé particulièrement par les frères de Louis XVI : en voici la preuve tirrée d'un certificat de M. Devilledeuil, ancien contrôleur-général des finances.

« Je soussigné, ancien contrôleur-général des finances,
» et ancien secrétaire-d'Etat de la Maison du Roi et des
» Princes de France, certifie que j'ai eu, dans le tems,

» connaissance des difficultés que M. Canalès-Oglou a
» éprouvées en Espagne, à l'occasion d'une concession
» de terreins qui lui avait été faite par sa Majesté catholique;
» je certifie pareillement, que j'ai été chargé à cette époque,
» par un des frères du Roi, de témoigner, à l'ambassadeur
» de France à Madrid, l'intérêt qu'il prenait à M. Canalès-
» Oglou, et de lui recommander ses droits à la jouissance
» de cette concession devenue litigieuse.

» M. Canalès-Oglou ayant desiré ma déclaration sur ces
» faits, je me fais un véritable plaisir de les certifier et de
» les attester de ma signature.

» Le vingt-quatre avril mil sept cent quatre-vingt-onze.

DEVILLEDEUIL.

» Nous, Ministre plénipotentiaire de France auprès
» de sa Majesté Britannique, certifions que la signature
» ci-dessus est celle de M. Devilledeuil qui nous est très-
» bien connue.

» Donné à Londres, le 17 mai 1791.

BARTHÉLEMY. »

Ces certificats sont joints aux pièces : or, d'après leur contenu, que doit-on penser des expressions poissardes de ce sieur *Bonnet*, défenseur officieux, et d'ailleurs si mal sonnantes dans le temple de Thémis ? Ces sortes de défenseurs doivent-ils être rangés dans la classe de MM. *Lemaître*, *Cochin*, *Gerbier*, et de tous ces célèbres orateurs de l'antique barreau, dont toutes les expressions si vives et si éloquentes étaient toujours marquées au coin de la plus grande modération.

SIRE, comme le sieur Canalès-Oglou est particulièrement dévoué à votre auguste personne; permettez encore que l'on joigne ici une lettre de M. de Luçay, préfet de votre palais, au sujet d'un morceau rare d'histoire naturelle qu'il a eu l'honneur de vous adresser.

« Paris, 9 Fructidor an 11.

» Le citoyen DE LUÇAY, préfet du Palais,

» Au citoyen CANALÈS-OGLOU.

» J'ai pris sur l'objet de votre lettre, citoyen, des ren-
» seignemens, desquels il résulte que le morceau d'histoire
» naturelle que vous avez adressé au Premier Consul, lui
» a été remis, et qu'il l'a fait placer dans sa collection.

» Je vous salue. LUÇAY. »

Cette lettre est jointe.

VIE POLITIQUE DE MÉHÉMET-ALY, *appelé sieur* DE BOULLON MORANGE, *cousin-germain du sieur* CANALÈS-OGLOU.

LE sieur de Boullon Morange naquit en 1741, à Philadelphie, dans l'Asie mineure, sous la domination du

Grand-Seigneur. Son père s'appelait *Adjou-Mara, spahi-agasi,* c'est-à-dire, commandant en chef des gens de guerre, à sa solde, pour le service du Grand-Seigneur; il possédait plusieurs *Timars,* qui sont des seigneuries, comme on l'a déja observé, conférées par la Porte Ottomane, à titre d'hommage-*lige.* Sa mère se nommait *Ascha.* On ignore de quel pays était cette dame esclave; on ne sait non plus ni le tems de sa mort, ni de celle d'*Adjou-Mara.*

La conversion du sieur de Boullon Morange à la religion chrétienne, fut aussi merveilleuse que celle de son cher cousin Canalès-Oglou. A l'âge d'environ treize ans, revenant un jour de la ville avec son frère Abdoullah, il tomba de cheval: cette chute lui fracassa tout le corps. Etant au lit de la mort, un esclave chrétien lui persuada de faire vœu d'embrasser la religion chrétienne, s'il en réchappait. Son prompt rétablissement, contre toute espérance, l'encouragea à accomplir ce vœu. Il fit part de sa résolution à M. de Peyssonnel, consul-général de France (le même à qui s'était déja adressé le sieur Canalès-Oglou), qui le fit conduire en toute sûreté à Paris, sous la direction des missionnaires Capucins. Il descendit dans une de leurs maisons, à Paris, rue Saint-Honoré, où il logea durant tout le cours des ses études, et où il fixa depuis, pour toujours, son domicile, autant par goût, que pour avoir plus de liberté de remplir ses devoirs d'une piété douce et agréable, qui lui conciliait tous les cœurs.

Louis XV, la Reine, le Dauphin, père de Louis XVI,

et tout ce qu'il y avait de plus distingué à la cour et dans la capitale, enchantés de ses belles qualités, prenait un plaisir singulier à lier conversation avec lui. Le Dauphin l'appelait familièrement son jeune *schérif*; et, voulant lui assurer un sort proportionné à sa naissance, il s'intéressa particulièrement pour lui auprès du Roi son père : il désigna lui-même, lors des cérémonies de son baptême, M de Boullogne qui passait au Contrôle général; et, pour sa maraine, madame de Moras, dont le mari passait au département de la Marine.

Les cérémonies de son baptême se firent, le 8 septembre 1757, avec la plus grande pompe, dans l'église des Capucins de la rue Saint-Honoré, par M. Artaud, évêque de Cavaillon, en présence du curé de Saint-Roch. Ce ne fut qu'à l'instant de son baptême, que *Méhémet-Aly* fut nommé *Jean-Marie-Alix de Boullon Morange*, des noms composés de baptême et de famille de ses parrain et maraine (1). Le Journal Chrétien rendit compte de cette auguste cérémonie, comme une espèce de fête religieuse, ainsi que du discours analogue qui y fut prononcé : on peut consulter là-dessus le tome IV de l'année 1757.

On lui donna des maîtres dans tous les genres, sur-tout pour l'art militaire auquel on le destinait, mais auquel la

---

(1) Pendant la révolution, en retrancha la syllabe *de* dans presque tous les noms qui commençaient par *de* : de sorte qu'il est très-ordinaire de trouver la syllabe *de* omise dans des actes authentiques et particuliers, concernant le sieur de Boullon Morange.

faiblesse de sa vue, occasionnée par sa trop grande application à l'étude, le fit renoncer. Le médecin de madame l'Electrice de Bavière entreprit sa guérison qui dura près de dix-huit mois. Il eut cependant un grade éminent dans les mousquetaires.

Parmi les bienfaiteurs et les protecteurs du sieur de Boullon Morange, on compte particulièrement M. le duc de la Vauguyon, alors gouverneur des Enfans de France ; M. l'abbé Sailly, aumônier de madame la Dauphine ; M. de Beaumont, fermier-général; M. de Montmartel, et presque tous les grands Seigneurs de la cour.

La cour avait fait faire des informations particulières sur la naissance du sieur de Boullon Morange : elles furent certifiées par M. le consul-général de France à Smyrne. On les trouve dans l'étude de M. Perron, notaire à Paris.

En 1761, Louis XV, voulant seconder les vues bienfaisantes de M. le Dauphin, et informé qu'il y avait en Normandie plus de cent mille arpens de marais et de terreins vains et vagues, laissés incultes ou abîmés par les eaux, en fit une concession de vingt-quatre mille arpens au sieur de Boullon Morange, par arrêt du Conseil d'Etat, du 24 septembre 1761.

Les ordres du Roi s'exécutant fort lentement, M. le Dauphin en porta lui-même ses plaintes à Sa Majesté. Ce fait est ainsi rapporté par l'abbé *Proyart*, dans la Vie du Dauphin, pages 222, 223 : « Louis XV avait assigné, par

» arrêt du Conseil d'Etat, une portion de terres incultes,
» situées en Normandie, à un jeune Seigneur turc, issu du
» sang de Mahomet (*le sieur de Boullon Morange*), qui
» était passé en France pour embrasser le christianisme : le
» Dauphin, ayant appris que la personne, chargée de le
» faire jouir, traînait l'affaire en longueur, se plaignit de
» ses délais, et lui déclara qu'il entendait que les disposi-
» tions du Roi eussent au plutôt leur effet, et que le fils de
» Mahomet ne fût pas plus long-tems privé d'un bienfait
» nécessaire à sa subsistance. Il voulut voir plusieurs fois
» le jeune *schérif*, à qui il donna toutes sortes de marques
» de bonté. »

Enfin, après une foule d'entraves enfantées par des pro-
cédures interminables, le sieur de Boullon Morange entra
en possession des vingt-quatre mille arpens qui lui avaient
été concédés par le Roi. Mais à peine commençait-il à en
jouir, qu'il fut obligé de renoncer à tous les grands avantages qu'il pouvait s'en promettre, par les intrigues puissantes de M. le comte de Polignac, ancien capitaine de
dragons, de madame Saluces, son épouse, et de M. le
comte d'Aspect, leur gendre : exemple frappant du pou-
voir transcendant de l'intrigue des cours contre la justice
et la volonté même des Souverains !

Un gros Mémoire, imprimé sur toutes ces tracasseries,
est joint aux pièces.

Le sieur de Boullon Morange, après plusieurs tentatives
inutiles auprès de l'autorité suprême, traita, pour moitié

de sa concession, avec M. et madame de Polignac et M. le comte d'Aspect, moyennant 430,000 liv. pour prix principal, et 200,000 liv. pour le remplir d'une partie de ses frais et dépenses : le traité en fut passé devant M⁰ Perron, notaire à Paris, le 13 juillet 1778.

Ce traité, dont la loyauté semblait devoir être la base, devint, au contraire, une nouvelle source presqu'intarissable de mille difficultés, qui, rengageant le sieur de Boullon Morange dans des frais immenses, le déterminèrent à s'adresser particulièrement à une personne de confiance, versée dans les affaires. Sur ces entrefaites, on lui présenta le sieur Léonard Robin, homme sans aucune fortune, et avocat (comme il y en a tant !) suivant le Palais par circonstances de besoin : il en fit son intendant. Il n'apprit donc à le connaître que quand il n'en fut plus tems, c'est-à-dire, lorsqu'il ne pouvait guères lui retirer sa confiance sans compromettre ses intérêts.

Ce fut vers ce tems que les sieurs Canalès-Oglou et de Boullon Morange, s'étant rencontrés par l'effet d'un heureux hasard, se reconnurent pour cousins-germains et resserrèrent dès-lors leurs liens du sang par la plus étroite amitié, qui dura constamment, sans aucune altération, jusqu'à la mort funeste du sieur de Boullon Morange. L'un et l'autre se traitaient réciproquement de *cher cousin*, et en public et en particulier. Ils étaient si inséparables, que, pour peu qu'ils s'absentassent, ils entretenaient une correspondance suivie : c'est ce qu'apprend une lettre, *entr'autres*, du sieur de Boullon Morange, du 10 juillet 1787, au sieur Canalès-Oglou, pour lors à sa terre de Bellevue, près Verdun en Lorraine : cette lettre, avec d'autres, est jointe aux pièces.

Le sieur de Boullon Morange disait, à qui voulait l'entendre, que le sieur Canalès-Oglou était son seul et unique héritier. Des lettres et des témoignages authentiques, dont on parlera particulièrement dans la discussion des moyens, sont des preuves non équivoques de ces assertions importantes.

Faits relatifs au prétendu Testament du sieur de Boullon Morange.

Le sieur de Boullon Morange mourut le 29 juillet 1788, à huit heures du matin, d'une mort que tout annonce n'avoir point été naturelle.

La véritable date de son prétendu testament, est du même jour de sa mort, quoique le sieur Robin, légataire-universel, et les deux notaires, rédacteurs, tous les trois renfermés étroitement dans la chambre du moribond, lui donnent la date du 15 juillet 1788. La rédaction elle-même du prétendu testament, les circonstances particulières, et des témoignages authentiques, ne permettent pas de douter, un seul instant, de ces faits positifs, ainsi qu'on le démontrera dans le développement des preuves.

La signature du prétendu testateur n'est pas même la

sienne : ce fait est constant et facile à vérifier par des pièces de comparaison.

On se rappelle qu'à l'époque du mois de juillet 1788, l'horison politique commençait à se brouiller, par toute la France, d'une manière fort allarmante pour tous les honnêtes gens. Une défiance générale régnait dans chaque province; toutes se soupçonnaient sans trop savoir pourquoi : les amis se fuyaient, ou ne se voyaient plus que dans le secret : ceux qui se croyaient plus prudens, ou s'émigraient, ou s'isolaient dans leurs possessions, s'interdisant tout commerce de lettres, mêmes les plus innocentes. Telles furent les causes qui engagèrent le sieur Canalès-Oglou à se resserrer, plus que de coutume, dans sa terre de Bellevue, près Verdun, département de la Meuse, évitant toute espèce de communication au dehors, principalement à cause de sa qualité d'étranger. Il ignora long-tems la mort du sieur de Boullon Morange, son cher cousin; et lorsqu'il l'apprit, tous les esprits étaient dans une telle effervescence, qu'il ne crut pas devoir faire aucun acte de son héritier, d'autant plus qu'on l'assurait que le Domaine s'était emparé de sa succession, par droit d'aubaine. Il était loin de soupçonner que le sieur Robin fût le machinateur de cette fourbe, exécutée publiquement par deux jugemens, entre lui et les gens même du Domaine : il était encore bien éloigné de s'imaginer que le sieur Robin, débiteur du sieur de Boullon Morange, s'en fût rendu créancier d'une somme considérable, et s'en fût fait, de plus, déclarer légataire-universel par un testament supposé.

Le sieur Canalès-Oglou ne fut instruit du prétendu testament du sieur de Boullon Morange, que par le récit que lui en fit le nommé Montbrun, valet-de-chambre de son cousin, qui lui montra que lui-même en avait reçu un legs d'une rente viagère de 1500 liv., dont il ne pouvait se faire payer que par le sieur Robin, légataire-universel.

Ne pouvant toujours le croire, il écrivit au sieur Robin pour s'en assurer et lui demander des renseignemens sur les affaires de la succession de son parent. Le sieur Robin lui fit une réponse aussi astucieuse qu'étudiée, par une lettre de quatre pages de minute; réunissant les plus grands efforts pour lui persuader que cette succession était beaucoup plus onéreuse que profitable; et où, enfin, il lui fait l'aveu, mais fort légèrement, qu'il en est le légataire-universel, à très-peu de profit. Cette lettre, du 20 nivôse an 9, qui décèle toute la perfidie et les craintes du sieur Robin, est jointe aux pièces.

Une circonstance, relative à ce personnage, suffira sans doute pour s'en former une idée complète. Cet individu, apprenant que le sieur Montbrun, valet-de-chambre du sieur de Boullon Morange, auquel il retenait la garde-robe de celui-ci, et lui contestait encore impitoyablement la rente viagère de quinze cents livres (deux legs du prétendu testament), avait fait lui-même son testament en faveur du sieur Canalès-Oglou, devant M⁵ Coupery, notaire à Paris, le 10 pluviôse an 10, se transporta chez ce notaire pour en voir la minute. Aussi-tôt qu'il y lut que ce fidèle serviteur faisait une déclaration explicative que le sieur Canalès-Oglou était l'héritier naturel et légitime du sieur de Boullon Morange, il s'empara avec colère de la minute de ce testament, et la froissa rudement entre ses mains; il allait la déchirer si on ne s'y fût opposé. Ce fait est encore facile à vérifier par l'état actuel de la minute. Le sieur Robin croyait alors que cette déclaration était la seule authentique : mais il y en avait bien d'autres, qui, quand il en eut connaissance, le précipitèrent au tombeau! Cependant, ce sieur Robin était commissaire du Gouvernement près le Tribunal civil du département de la Seine, et membre du Tribunat.

D'après les lois, il y a un délai de trois mois pour faire inventaire, pendant lequel tems on doit appeler les héritiers présomptifs: mais le sieur Robin, impatient de jouir du fruit de sa fourbe du testament du sieur de Boullon Morange, fit procéder hâtivement à la lévée des scellés et à la confection de l'inventaire; il présenta à cet effet, trois jours après la mort du testateur, c'est-à-dire, le *deux* août 1788, sa requête au lieutenant-civil, sous le nom d'un sieur Léger-de-Monthuon, qu'il avait fait nommer exécuteur-testamentaire, sous la rétribution d'un diamant de trois mille livres. Il redoutait mortellement le retour du sieur Canalès-Oglou, de sa terre de Bellevue en Loraine !

On remarque dans le préambule de l'inventaire, annoncé avoir été commencé le 12 août 1788, que ce sieur Léger-de-Monthuon est qualifié de *ci-devant* avocat au Parlement de Paris, et que l'inventaire est fait tant à sa requête, qu'à celle de Joseph le Sueur, *ci-devant* avocat au Parlement, substitut du procureur du *ci-devant* Roi, au Châtelet de Paris. Cependant à cette époque, il n'y avait point encore de *ci-devant* avocat, de *ci-devant* Roi, ni tant de *ci-devant* puériles.

On assure que, quoiqu'il soit exprimé en cet inventaire qu'il a été commencé le 12 août 1788, la vérité, néanmoins, est qu'il a été commencé le troisième jour après la mort du sieur de Boullon Morange, avec une sorte de brigandages dont il y a peu d'exemples. Ce qu'il y a de très-certain : c'est que, d'après la multiplicité des vacations purement en blanc, il y a tout lieu de croire que les fonctionnaires publics n'y comparaissaient que pour la forme, ou pour goûter les vins du défunt. Cependant, d'après *leurs assertions*, il paraît qu'ils y ont vaqué jusqu'au 4 septembre 1788 inclusivement, *par doubles vacations*.

Cependant le sieur Robin, tout maître absolu qu'il paraissait d'un aussi riche héritage qu'il venait d'envahir avec tant d'adresse, n'était pas sans inquiétudes sur les suites. *Le 4 août 1789*, époque de l'anarchie dévastatrice de toute la France, et après l'an révolu de la mort du sieur de Boullon Morange, il se concerta avec le procureur du Roi du bureau des Finances et de la chambre du Domaine de la généralité de Paris ; en conséquence intervint un jugement sur le réquisitoire de ce procureur du Roi (1), « qui déclara que

---

(1) On dit (si toutefois on doit ajouter foi à des *on dit*) que le procureur du Roi n'a eu que quarante mille livres numéraire pour la façon de son réquisitoire ; non compris les autres arrangemens de convenances avec ses co-associés.

» la succession du sieur de Boullon Morange était échue
» et devolue au Roi, à titre d'aubaine, bâtardise, ou au-
» trement, et comme telle, lui en adjugea les biens
» et effets ; et en conséquence, ordonna que les procès-
» verbaux des scellés, inventaire et vente, faits après le
» décès du sieur de Boullon Morange, seraient apportés et
» déposés au greffe de la Chambre par tous gardiens et dé-
» positaires d'iceux ; à faire lequel dépôt, ils seraient con-
» traints par les voies de droit ; quoi faisant, ils en seraient
« bien et dûment quittes et déchargés. »

Le sieur Robin, n'étant pas encore rassuré par ce jugement de *quarante mille livres et plus*, s'étaya d'une nouvelle batterie, braquée et pointée par un sieur Léger-de-
Monthuon en personne, son FÉAL exécuteur-testamentaire.
Ce moderne Archimède présenta donc au bureau des Finances et chambre du Domaine de la généralité de Paris,
le treize août 1789, « une requête tendante à ce qu'il fût
» ordonné que le testament de Boullon Morange, reçu
» par M⁰ l'Homme, qui en a la minute, et son confrère,
» notaires au Châtelet de Paris, le 15 juillet 1788, dûment
» insinuée à Paris, *le premier décembre dernier*, serait
» exécuté selon sa forme et teneur : en conséquence, qu'il
» fût autorisé, même après l'expiration ordinaire de l'exé-
» cution testamentaire, à poursuivre, en son nom, le procès
» engagé par ledit feu sieur Boullon Morange, repris et
» poursuivi par ledit sieur de Monthuon audit nom ,
» contre les sieurs et dames de Polignac et d'Aspect et
» autres parties, et tous autres procès de ladite succession ;

» à faire, d'après les jugemens d'iceux, les recouvremens
» nécessaires pour le mettre à même d'acquitter les dettes
» de la succession et le legs universel fait au profit de
» M. Robin; comme aussi, à payer et à acquitter les diffé-
» rens legs particuliers portés au testament, après que les
» droits auront été prélevés; et à faire toutes autres pour-
» suites et recouvremens nécessaires pendant le délai de
» deux ans : et qu'il fût ordonné que tous les titres et pa-
» piers de ladite suscession étant ès mains dudit Mon-
» thuon, y resteraient ; et que ceux de ladite succession
» étant ès mains de tous gardiens et dépositaires, lui se-
» raient remis, quoi faisant, déchargés ; et que les con-
» testans fussent condammés aux dépens, qu'il emploie-
» rait en frais d'exécution testamentaire. »

Le 14 août 1789, le nommé Bazile Poinsignon (espèce de gardien, à ce qu'il paraît) donna sa requête, tendante à ce qu'il s'en rapportait à la prudence de la chambre.

Le même jour 14, le sieur Robin donna sa requête en adhésion aux conclusions susdites.

Il était tout naturel qu'une batterie, si ingénieusement braquée, emportât de *mire* un jugement analogue ; aussi, ce jugement fut-il rendu *in plano*, le 18 août 1789, conformément au traité de paix entre toutes les parties belligérantes.

Ce n'est point ici le lieu d'examiner si ces deux jugemens de la chambre du Domaine impliquent une contradiction manifeste, d'après l'article 273 de la Coutume de Paris, qui dit : *donner et retenir ne vaut.* En effet, on ne pouvait pas dévoluter au Domaine et au particulier, le même objet.

On observera seulement que, depuis le 18 août 1789, on ne trouve, nulle part, le compte de l'exécuteur-testamentaire; et que les deux jugemens de la chambre du Domaine ne sont pas même connus du Domaine. Il y a plus : recherches faites à diverses reprises sur tous les registres particuliers et sommiers du Domaine, on n'y découvre pas la moindre trace de déclaration relative à la succession du sieur de Boullon Morange.

Voici comme s'en explique un certificat délivré, le 5 nivôse an 14, par le sieur Devilleneuve, receveur du Domaine national :

« Je, soussigné, receveur du Domaine national des
» premier et deuxième arrondissemens de Paris, déposi-
» taire des anciens registres du sieur Malhagon, rece-
» veur des domaines et bois de Paris, certifie que,
» recherches faites sur les registres de recettes et sommiers,
» relatifs aux déshérences de ladite ville de Paris, il n'existe
» rien sur lesdits registres, qui soit relatif à la succession
» du nommé Boullon Morange, qu'on annonce être décédé,
» maison conventuelle des Capucins de la rue Saint-Honoré,
» dans le courant de l'année 1788 ; et qu'il n'est point à ma
» connaissance qu'il ait été fait aucune déclaration relative
» à ladite succession, tant à cette époque, que depuis

» ce tems : en foi de quoi, j'ai signé le présent certificat,
» pour servir et valoir ce que de raison : à Paris, le cinq
» nivôse an quatorze : *Devilleneuve*. Enregistré à Paris, le
» 7 du même mois. »

Ce certificat est joint aux pièces.

Deux autres lettres du même receveur du Domaine national, des 24 avril et 27 juin 1806, aussi jointes aux pièces, disent positivement, que le sieur Canalès-Oglou est le seul héritier du sieur de Boullon Morangé. Quoique ces deux lettres appartiennent exclusivement à la partie démonstrative des preuves de ce mémoire, on ne peut se dispenser de rapporter ici un passage de la lettre du 24 avril 1806, laquelle est adressée au juge-de-paix du douzième arrondissement de Paris..... « Il paraît que des personnes mal
» intentionnées ont cherché à faire croire que M. Oglou
» n'avait plus aucun droit à la succession de son parent,
» et était non-recevable à rien demander. Cette opinion
» est erronée : M. Oglou n'a perdu aucun des droits que sa
» qualité constante de seul parent du décédé lui donne.
» Il est certain que le Domaine n'a pas été investi de tout
» ce qui devait lui revenir ; que les héritiers du sieur
» Robin doivent compte des sommes considérables par
» lui reçues : et il est à ma connaissance que M. Oglou est
» en réclamation pour faire connaître ses droits, et il y a
» tout lieu de présumer, non-seulement qu'ils seront récla-
» més par le préfet du département, mais que ce magistrat
» ordonnera des poursuites pour le recouvrement des som-
» mes spoliées ou non versées dans la Caisse domaniale. »

FAITS *relatifs à la réclamation judiciaire du sieur* CANALÈS-OGLOU, *de la succession du sieur* DE BOULLON MORANGE, *son parent.*

Le sieur Canalès-Oglou, ne pouvant plus enfin douter de l'existence du prétendu testament du sieur de Boullon Morange, et de l'inventaire qui avait été fait après sa mort, s'en fit délivrer des expéditions légales.

Mais quel ne fut pas encore son étonnement, de voir dans ce prétendu testament, un acte rédigé dans les termes techniques d'un livre praticien, intitulé le *Parfait Notaire!* un testament fait, dicté et nommé *doctoralement*, à une heure du matin, par le sieur de Boullon Morange, qui n'a jamais eu aucune teinture ni de lois, ni de coutumes, ni de termes de pratique, et qui, gisant moribond dans son lit, et ayant perdu toute connaissance depuis long-tems par les effets convulsifs de sa maladie surnaturelle, est mort le même jour à huit heures du matin!

De voir que le sieur de Boullon Morange, son intime ami, son cher cousin, le seul qu'il eût à réclamer dans tout l'univers, ne donnait pas le moindre signe du plus léger souvenir à lui Oglou, son cher parent!

De voir qu'après lui avoir fait annoncer plusieurs legs pieux considérables, afin de mieux en imposer, on les lui fait adroitement, *in fine*, anéantir par un legs privilégié de 70,000 livres, à prendre par préférence et sans concurrence à tous autres legs!

De voir que ce legs de 70,000 livres, qualifié ensuite de dette légitime envers le sieur Robin, « est (fait-on dire
» ensuite au testateur, moribond) dans le désir de lui
» donner non-seulement des marques de reconnaissance,
» d'estime et d'amitié, mais aussi, de s'acquitter envers lui
» des justes honoraires et dédommagemens qui lui sont
» dus par les travaux très-considérables qu'il a faits, les
» démarches, voyages, déplacemens et pertes de tems,
» ensemble, les peines et soins continuels auxquels il n'a
» cessé de se livrer depuis 1781 dans les affaires de la con-
» cession, dans la négociation du traité conclu avec M. le
» Comte d'Artois......»; tandis que lui, sieur Robin, dit positivement, pages 31 et 32, d'un Mémoire à consulter pour le sieur de Boullon Morange, imprimé en 1787, et signé de lui sieur Robin, qu'il avait été largement payé de toutes ces choses-là! Tandis qu'il est encore prouvé par les propres reconnaissances du sieur Robin, énoncées en l'inventaire, qu'il était débiteur du sieur de Boullon Morange pour argent prêté!

De voir léguer au sieur Perron quatre-vingt mille livres, *plus*, vingt mille livres à une de ses filles; tandis que le sieur Perron était redevable au sieur de Boullon Morange, lors de la mort de celui-ci, de deux cents mille livres, dont il lui payait annuellement la rente!

De voir des legs de dix mille livres, de douze mille livres, de vingt mille livres, de cinquante mille livres, etc., à une foule de gens inconnus, ou au moins, très-indifférens au sieur de Boullon Morange !

De voir le sieur Robin institué légataire-universel, en faisant dire au testateur : « Par la reconnaissance, l'estime » et l'amitié qu'ont inspiré ses services continuels depuis » l'année 1781 ; par la manière confiante dont il a toujours » agi ; par le zèle et l'affection qu'il a toujours montrés ; » et parce qu'on le regarde comme *le principe* et le soutien » des différentes libéralités et dispositions que le sieur de » Boullon Morange est en état de faire en faveur de ses » amis et autres...... » ; tandis que le *principe* des libéralités de vingt-quatre mille arpens de terres, faites au sieur de Boullon Morange, provenant de la pure générosité de Louis XV, remonte au 24 septembre 1761, époque où le sieur de Boullon Morange était fort éloigné de connaître le sieur Robin ; et qu'il ne l'a connu qu'en 1778, tems où il l'a constitué son intendant, son gérant, *negotiorum gestorem* !

De voir nommer, pour exécuteur-testamentaire, un sieur Léger-de-Monthuon, se disant en 1788 un *ci-devant* avocat ; personnage, au reste, sans aucune relation avec le sieur de Boullon Morange !

On ne craint pas d'assurer que toute l'essence de ce prétendu testament ne mérite pas la moindre confiance, ou pour mieux dire, qu'il est dans toute la force du terme, un testament supposé, fabriqué et machiné entre les notaires copistes, et le sieur Robin, rédacteur ; et que l'un de ces trois êtres y a contrefait la signature du sieur de Boullon Morange, ou qu'ils l'ont fait contrefaire par un tiers.

La preuve que le sieur de Boullon Morange n'a pu faire dicter et nommer le testamment qu'on lui prête, et encore moins le signer, se puise dans divers procès-verbaux, joints aux pièces, dont on parlera particulièrement dans la partie de la confirmation de ce mémoire.

On lit dans un de ces procès-verbaux, rédigé le 8 ventôse an 10, par le sieur Pinatel, juge-de-paix du huitième arrondissement de Paris, la déclaration suivante, faite par le citoyen Simon Bricardey, dit frère Sébastien, capucin de la rue Saint-Honoré, personnage irréprochable, et par son caractère sacré, et par son grand âge de plus de quatre-vingts ans :

« Lequel certifie et déclare avoir été chercher lui-même
» le citoyen L'Homme, notaire, à onze heures du soir,
» pour faire le testament dudit Boullon Morange, qui fut
» terminé à une heure du lendemain matin vingt-neuf
» juillet 1788, et que ledit Boullon Morange décéda le
» même quantième à huit heures du matin. Déclare qu'ils
» étaient trois, y compris le citoyen Robin ».

Or, pour aller quérir un notaire, attendre qu'il soit levé et habillé ; aller de là trouver un second notaire, attendre aussi qu'il soit lévé et habillé ; ensuite, se mettre en marche avec l'un et l'autre : toutes ces allées et venues exigent sans doute bien une heure de tems !

Conférer avec le testateur sur la nature de son testament, questionner ensuite un moribond *in articulo mortis* sur certaines dispositions, il a fallu au moins une heure ! La rédaction du testament, dont l'expédition contient huit pages de minute sur grand papier, faite, dictée et nommée par un moribond, a exigé au moins trois heures ! Le moribond, nullement au fait des termes de pratique qui lui ont été tout-à-coup infusés, à sûrement été dans le cas d'ordonner des additions et des rectifications, et de faire souvent des interruptions pour s'instruire particulièrement sur la force de certaines expressions qu'il *pratiquait* pour la première fois : deux heures ont dû être à peine suffisantes pour ces interrogatoires multipliés, et en demandes, et en questions, et en réponses ! Pour lire et relire le testament avec attention, au desir de la Coutume de Paris, appuyer, méditer, discuter, approfondir chaque article, il a fallu employer au moins une heure ! Pendant tout ce tems d'un travail forcé, le moribond doublement fatigué, et par sa maladie convulsive, et par des redoublemens occasionnés par la confection, diction et nomination de son testament imprévu, a eu souvent besoin de restaurans, pour lesquels il a fallu faire entrer et sortir, rentrer et ressortir médecins, domestiques et garde-malade : ces petites opérations, un peu fréquentes, ne se sont certainement pas terminées dans une heure !

De sorte que voilà neuf heures de travail bien employées. Mais on veut bien n'en mettre que huit, pour donner au malade le tems de mourir à point nommé : il ne s'ensuivra pas moins toujours que les notaires en imposent, en assurant avoir fait toute leur besogne dans une heure.

Cependant, que faisait le sieur Robin avec les deux notaires dans la chambre du moribond, de laquelle il avait eu si grand soin de faire sortir précipitamment tout le monde, jusqu'à la garde-malade?—Le sieur Robin!—C'est un problême qu'il serait trop difficile de résoudre, sans lui prêter des intentions hostiles! « Il vaut mieux se taire, dit » le sage, que de soupçonner du mal d'autrui ».

Le sieur Robin, né d'une famille indigente dans la ville d'Angoulême, département de la Charente, et jadis fort pauvre avant d'être l'intendant du sieur de Boullon Morange, devenu tout-à-coup dans une haute opulence par l'envahissement de la riche succession de son maître, afficha un luxe des plus fastueux ; prétendant aux plus grandes places, aux plus hautes dignités. D'abord, pour son coup d'essai, il parvint à se faire nommer commissaire du Gouvernement près le Tribunal civil du département de la Seine, puis membre du Tribunat, puis..... Oh! oh! le sieur Robin, tout couvert d'argent volé, prétendait à bien d'autres honneurs, qu'il attendait joyeusement plongé dans la bonne chère et les délices, lorsque le sieur Canalès-Oglou, lui demandant très-sérieusement le compte et la restitution de la riche succession de son parent, changea tous ses plaisirs en la plus vive amertume, qui trancha subitement le cours d'une si belle vie! Il mourut le 18 messidor an 10, en la commune de Paron, arrondissement de Sens, département de l'Yonne, dans son château audit lieu: château qui pouvait bien être réputé le sien, puisqu'il en avait fait l'acquisition, fort tranquillement, des deniers qui appartenaient au sieur de Boullon Morange. *Martial* dit : *Nàm quod emit, potest dicere quisque suum.*

La preuve de son extrême misère, avant d'avoir capturé l'opulente succession de son maître, dont la générosité fournissait abondamment à toutes ses dépenses grosses et menues, se puise dans la 36me liasse des pièces de l'inventaire de ce Seigneur : dans une première pièce, du 30 décembre 1783, on lit qu'il a emprunté, par billet, 25 louis du sieur Montbrun, valet-de-chambre du sieur de Boullon Morange : dans la seconde, du 12 janvier 1784, il appert que le sieur de Boullon Morange lui a prêté, par billet, 600 liv. ; dans la troisième, du 5 juillet 1784, on voit que ce bon maître lui a prêté, par billet, pareille somme de 600 liv. Il y avait encore bien d'autres reconnaissances de sa part, dont il s'est emparé lors de l'inventaire; desquelles, au reste, il n'aurait jamais pu effectuer le remboursement, de même que celui des trois billets qui n'ont échappé à l'activité de ses mains, que parce qu'il les croyait perdus.

Quoi qu'il en soit : le sieur Canalès-Oglou, ayant appris la mort du sieur Robin, se transporta, le 27 messidor an 10, dans la commune de Paron, en la maison où était décédé le sieur Robin, à l'effet d'y faire apposer les scellés : il était accompagné du sieur Bonnerot, juge-de-paix du canton de Sens, et de son greffier; il était aussi assisté du sieur Garnier, avoué. Mais sur la représentation de la dame veuve Robin et du sieur Robin, fils, qu'iceux s'opposaient à toutes appositions de scellés, et qu'ils faisaient même refus de s'y prêter, attendu que le sieur Canalès-Oglou ne pouvait être considéré que comme un étranger, le juge-de-paix ne crut pas devoir apposer les scellés requis, et d'autorité il renvoya les parties à se pourvoir devant le Tribunal de première instance, établi à Sens.

Dame Marie-Elisabeth-Emilie Aubourg, veuve du sieur Léonard Robin, (aujourd'hui si grande dame) était chambrière d'une figurante des coulisses de la rue Saint Honoré, à Paris, que le sieur Robin avait prise à son service. Cette figurante étant venue à mourir, la susdite chambrière Aubourg, routinière de longues mains, força le sieur Robin, dont elle avait le secret de la succession du sieur de Boullon Morange, à l'épouser.

Le sieur Louis-Léonard Robin est, à ce qu'il dit, fils putatif du sieur Léonard Robin *de cujus*; ce qui paraît assez vraisemblable, puisqu'il est fils de cette figurante, maîtresse en son vivant, de ladite dame veuve Robin.

Au reste, ces deux fameux champions, si habiles à entrer en lice et à se dire héritiers dudit sieur Léonard Robin, n'ont point encore justifié de leurs qualités. Il faut espérer que, quand ils cesseront de cacher leur domicile, dans la crainte que tout le monde ne les croie aussi coupables que le sieur Léonard Robin, ils commenceront d'abord par remplir ce préalable indispensable, voulu impérativement par la loi.

Le sieur Canalès-Oglou ne crut pas devoir insister davantage sur l'apposition des scellés, qui, eu égard au refus du juge-de-paix, seraient devenus dans la suite fort inutiles, par l'éveil que venaient d'avoir la dame veuve Robin et le sieur Robin, fils : mais comme l'un et l'autre avaient leur demeure à Paris, il préféra de les y faire citer davant le sieur Guérin, juge-de-paix du onzième arrondissement, les 27 frimaire et 15 thermidor an 12 ; à l'effet de s'en faire rendre compte et restitution de tous les biens composans la succession du sieur de Boullon Morange, son parent, dont feu le sieur Robin, père, s'était indûment emparé ; et pour se voir, en outre, condamner aux dommages-intérêts, en une provision telle que de droit, et aux dépens.

Ces citations pacifiques n'ayant produit aucune sorte de conciliation, il se détermina enfin à les faire assigner aux mêmes fins, devant messieurs les président et juges du Tribunal civil du département de la Seine, par requête et exploit des 6 et 13 fructidor an 12.

La dame veuve Robin et le sieur Robin, au lieu de se rendre à l'évidence, ou pour mieux dire, aux cris de leur conscience, contestèrent au sieur Canalès-Oglou son droit de citoyen Français, quoique reconnu pour tel par toutes les autorités constituées, payant les impôts, subvenant exactement, pour son contingent, à toutes les charges de l'Etat, marié avec une Française, ayant des enfans, dont un est au Prytanée, etc. Toutes ces preuves sont jointes. Le sieur Canalès-Oglou, dont la morale évangélique forme constamment la règle de sa conduite, ne pouvant soupçonner que ses propres défenseurs négligeassent ou trahissent ses intérêts, fournit, pour éviter toute contestation, la caution *judicatum solvi*, encourue par tout étranger, obligé d'*ester* en justice.

Mais, ô perversité du sciècle! ses défenseurs officieux et avoué, continuant toujours à ne faire aucun usage de tous les titres justificatifs qu'il leur avait confiés, et en en laissant même perdre une partie, se sont prêtés complaisamment à un jugement d'expédient, le 4 février 1806.

Comme ce jugement est, sous tous les rapports, obreptice et subreptice, on va en rapporter littéralement le prononcé:

« *Le Tribunal*, après avoir entendu, en leurs conclu-
» sions et plaidoieries, *Monin*, défenseur, assisté de *Per-*
» *rache*, avoué du sieur Canalès-Oglou, et *Bonnet*, as-
» sisté de *Desrez* et *Charpentier*, avoués de la dame Robin
» et du sieur Robin, fils, et en avoir délibéré, conformé-
» ment à la loi; jugeant en premier chef: attendu qu'il est
» constant, d'après les pièces produites, que le Domaine a
» été saisi par droit de déshérence, de la succession du
» sieur de Boullon Morange, étranger (1); que le sieur

---

(1) Le sieur de Boullon Morange est improprement nommé étranger. L'inventaire, fait après son décès, porte formellement qu'il est naturalisé Français par lettres du Prince.

» Canalès-Oglou n'a pas justifié vis-à-vis du Domaine,
» que ce soit à tort que le Domaine a exercé ce droit, et
» qu'il était lui-même un héritier de feu de Boullon Mo-
» range; que, parconséquent, ledit sieur Oglou est sans
» qualité pour former contre la veuve et le sieur Robin,
» une demande en restitution du legs dont il s'agit : le *Tri-*
» *bunal* déclare Oglou, quant à présent, non-recevable
» dans sa demande, et le condamne aux dépens.

» Fait et jugé en la seconde section, par MM. *Sabarot*,
» président; *Denisart, Baudin* et *Devauvert*, juges;
» le 4 février 1806. »

SIRE, tel est le jugement dont le sieur Canalès-Oglou demande aujourd'hui la réformation; si toutefois on doit donner le nom de jugement à un prononcé basé sur des pièces produites, dont l'existence devient plus que problématique, d'après le certificat et la lettre du Receveur du Domaine national, dont on a ci-devant parlé. Jugement, au reste, qui n'aurait jamais existé, si les défenseurs du sieur Canalès-Oglou eussent fait leur devoir, comme il avait tout lieu de se le promettre, d'après la destitution du sieur *Thévenin*, un de ses premiers défenseurs, pour avoir compromis ses intérêts. Mais ces sortes de sévérités particulières sont peu capables de retenir des gens, qui, oubliant l'honneur inappréciable d'être les défenseurs nés des opprimés, ne se laissent mouvoir que par une soif déréglée de l'or.

SIRE,

Pour déchirer entièrement le voile des ténèbres dont est tout couvert le jugement du 4 février 1806, on va examiner : CONFIRMATION.

1° Si le sieur Canalès-Oglou est véritablement habile à se dire et à se porter héritier du sieur de Boullon Morange, son parent ;

2° Quelles sont les causes rescindantes et rescisoires du prétendu testament du sieur de Boullon Morange ?

Avant tout : on ne peut trop répéter que la dame veuve Robin et le sieur Robin, fils, frappés sans doute de terreur sur l'approfondissement de ces deux questions, n'osent plus avoir aucun domicile certain, soit à Paris, soit à Rouen, où ils se disent juridiquement demeurer. Des procès-verbaux authentiques en l'une et l'autre ville, attestent, prouvent et démontrent qu'ils sont sans domicile.

PREMIERE QUESTION.

Le sieur Canalès-Oglou *est-il véritablement habile à se dire et à se porter seul héritier du sieur de* Boullon Morange, *son parent?*

Quelque puissans et victorieux que soient les faits dont on vient de rendre compte, pour se convaincre que le sieur Canalès-Oglou, né Turc, est véritablement le seul et unique héritier du sieur de Boullon Morange, aussi né Turc; il s'élève encore en sa faveur un corps de preuves irrésistibles, qui, toutes étant puisées dans des actes authentiques, démontrent, d'une manière péremptoire, que l'on ne peut pas même former le moindre doute sur son droit d'hérédité:

1° En ce que l'on ne peut contester que le sieur Canalès-Oglou ne soit né Turc;

2° En ce qu'il est incontestablement le cousin du sieur de Boullon Morange;

3° Qu'en cette qualité, lui seul est et doit être l'héritier de tous les biens composans la succession du sieur de Boullon Morange.

Avant d'établir aucun genre de preuves sur ces trois discussions, il est, sans doute, à propos de dire un mot sur ce qui se pratique en Turquie, relativement à la naissance des individus, et sur ce qu'exigent les lois de France, dans les cas où des circonstances particulières ne permettent pas d'acquérir les preuves de naissance selon les règles prescrites.

Quoique tous les peuples les plus éclairés aient voulu que l'on constatât, par des témoignages publics, la naissance de tous les individus qui doivent faire partie de la société qu'ils composent ; cependant, en Turquie, il est un fait attesté par tous les historiens et par tous ceux qui ont voyagé en ces vastes contrées pour en étudier les mœurs et les usages, que les pères, maîtres et despotes de tout ce qui réside dans leurs sérails, ne doivent aucun compte à l'Etat de l'intérieur de leur famille, et que c'est seulement pour leur propre compte qu'ils tiennent une note, et du nom de la mère, et de la date du jour des enfans qu'elle met au monde : de sorte que, même dans le pays, on ne peut constater le fait de la naissance des enfans, que par des actes de notoriété.

Voici, à ce sujet, comme s'en exprime Savary, traducteur du Coran (livre sacré parmi les Turcs, qu'ils croient avoir été révélé à Mahomet par l'ange Gabriel), sur un article du chapitre V, qui règle les formalités nécessaires et exigées en Turquie pour la forme des testamens. « On

» sait que les Turcs ne conservent pas de registres pour
» constater la parenté, et qu'il n'y a que le témoignage
» qui sert à prouver le degré de parenté et la succession
» du défunt. »

Il existe, en outre, en Turquie, une autre difficulté beaucoup plus sérieuse, qui tient aux préjugés dont est environnée la religion mahométane, ainsi qu'au despotisme qui l'a fondée : c'est que les lois du Coran défendent, sous les peines les plus grièves, à un Mahométan, d'avoir aucune communication avec un Musulman qui a abandonné la loi de ses pères, pour en embrasser une autre : elles qualifient ce dernier de renégat, et prononcent même la peine de mort contre tout Mahométan qui aurait, avec un apostat, le moindre rapport, la moindre communication.

Ainsi, le sieur Canalès-Oglou, qui a un si grand intérêt d'établir et de prouver sa qualité d'héritier, se trouve dans l'impossibilité de démontrer, par des registres publics, la filiation et les liens qui l'unissent au sieur de Boullon Morange, son cousin. Il y a plus : quand il existerait des registres publics en Turquie, les lois tyranniques qui défendent aux Mahométans toute espèce de communication avec lui, à cause de son changement de religion, le mettent aussi dans l'impossibilité d'en produire et d'en rapporter même des actes de notoriété.

Or, dans cette perplexité et dans l'absence absolue des registres, quelle doit donc être, dans nos mœurs, la règle à consulter pour constater la qualité d'héritier que le sieur Canalès-Oglou prétend lui appartenir?

Il est évident que la succession du sieur de Boullon Morange s'étant ouverte en France, on ne peut consulter que les lois françaises qui doivent régir sa succession. Ainsi, il n'y a donc pas d'autre parti à prendre pour le sieur Canalès-Oglou, que de recourir à l'article 14, du titre 20, de l'ordonnance de 1667, sur les faits qui gisent en preuve locale et littérale.

Voici comment est conçu cet article : « Si les registres » sont perdus, ou qu'il n'y en ait jamais eu, la preuve » en sera reçue, tant par titres que par témoins ; et en l'un » et l'autre cas, les baptêmes, mariages et sépultures » pourront être justifiés, tant par les registres ou papiers » domestiques des pères et mères décédés, que par té- » moins : sauf à la partie de vérifier le contraire. »

Le célèbre commentateur *Jousse*, ajoute : « Cette dis- » position est très-juste : car, quand des registres sont per- » dus, on ne peut rien imputer à des contractans. Il faut » aussi observer que, pour être admis à la preuve d'un » Etat, on doit avoir un commencement de preuves par » écrit, une preuve reconnue de l'Etat qu'on réclame, et » qu'il s'agisse de justifier cette preuve. »

Cet article de l'ordonnance de 1667 est entièrement conforme à l'article 46 du Code civil, du titre 2, Actes de l'Etat Civil, chapitre premier : « Lorsqu'il n'aura pas existé de
» registres, ou qu'ils seront perdus, la preuve en sera reçue,
» tant par titres, que par témoins; et, dans ce cas, les
» mariages, naissances et décès, pourront être prouvés,
» tant par des registres et papiers émanés des pères et mères
» décédés, que par des témoins. »

Il résulte donc évidemment de ces dispositions de la loi, qu'à défaut de registres, il faut consulter les papiers domestiques, et interroger les témoins, lorsqu'il y a un commencement de preuves par écrit.

Or, tous les genres de preuves peuvent donc être employés avec avantage dans notre espèce, par le sieur Canalès-Oglou. Il a, en sa faveur, des papiers domestiques, des lettres émanées du sieur de Boullon Morange, qui lui confèrent la qualité de cousin, de parent; et il a des lettres écrites par des tiers qui étaient dans la plus intime relation, tant avec le sieur de Boullon Morange, qu'avec ledit sieur Canalès-Oglou, qui ne font que donner un degré de force de plus aux lettres même du sieur de Boullon Morange, qui constatent ce point de fait. Enfin, il peut et il doit invoquer à son avantage, des testamens, des attestations données par des mourans, qui toutes, viennent confirmer cette parenté qui se trouve être spécialement à leur connaissance.

Ces principes posés, on va rendre compte scrupuleusement de toutes les preuves invoquées par le sieur Canalès-Oglou.

Ire DISCUSSION.

Le sieur CANALÈS-OGLOU *est né Turc.*

Première preuve. On a exposé dans les faits, que le sieur Canalès-Oglou, parti de Smyrne en 1753, sous la conduite des Missionnaires Capucins, débarqua à Marseille, la même année, et qu'il demeura quelque tems dans la maison des Récolets de cette ville.

Voici comme s'en explique monseigneur *De Belloy*, ce prélat si respectable, (pour lors évêque de Marseille, et aujourd'hui archevêque de Paris), dans son certificat du 21 vendémiaire an 11.

« Jean-Baptiste *De Belloy*, par la miséricorde divine
» et la grace du saint-siège apostolique, archevêque de
» Paris, à ceux qui ces présentes lettres verront, salut et
» bénédiction :

» Certifions avoir visé et légalisé, à Marseille, un cer-

» tificat délivré par le révérend père Icard, gardien des
» Récolets de ladite ville, en faveur du sieur *Canalès-*
» *Oglou,* Turc, converti à la religion catholique; lequel
» déclare que ledit sieur Oglou lui avait été spécialement
» recommandé par les Missionnaires de Smyrne, lors de
» son départ de son pays, en 1753; et qu'il y demeura
» quelque tems dans son couvent, pour s'instruire à fond
» de la religion.

» Donné à Paris, pour valoir ce que de besoin, le 21
» vendémiaire an 11.

» † F. Bapt. *archevêque de Paris.*

» Pour monsieur l'archevêque,

» Raymond Gauthier. »

Deuxième preuve. On a rapporté dans les faits, que le sieur Canalès-Oglou passa de Marseille dans la Catalogne, pays de la famille de sa mère Canalès, transportée, dans son printems, au sérail de Smyrne, et qu'il fut baptisé à Cadix, en 1762.

Voici ce que porte son extrait baptistaire, sur l'original espagnol, d'après la traduction faite par le commissariat général des relations commerciales de la Répubblique Française, en Andalousie, Cadix, le 22 prairial an 8 ; signée *Fouscuberte* :

« A Cadix, le trente janvier 1762, moi, le docteur Dom
» Antoine-Rui-Calvo-Arrogo, vicaire au sanctuaire de la
» sainte église cathédrale de cette ville, ai baptisé, avec
» permission de M. le proviseur, *Charles-Marie*, en âge
» de raison, âgé de 27 ans, natif de la ville de Smyrne en
» Turquie ; fils de Solymana, bacha ; et de Antoinette-
» Marie *Canalès*, captive catholique Catalane. Fut son
» parrain, le sieur Charles-Marie Dodero, je le préviens
» de ses obligations : étant témoins, le sieur docteur Dom
» Michel-Benoist de Ortega-Cobo, proviseur et vicaire-
» général de cette ville et son évêché ; et le sieur Thomas
» Grosco, aumônier de son illustrissime M. l'évêque de
» cette ville : et ai signé, *ut suprà*. Docteur, *pour An-*
» *toine-Rui-Calvo-Arrogo.* »

Cet extrait baptistaire, délivré à Cadix, le 8 juin 1800, est revêtu des légalisations des autorités constituées en la ville de Cadix, certifiées véritables, le 21 prairial an 8, par M. *Fouscuberte*, commissaire-général des relations commerciales de la République Française à Cadix.

Troisième preuve. On a raconté dans les faits, que le Roi d'Espagne, informé de la race illustre du sieur Canalès-Oglou, lui accorda, le 20 septembre 1774, un brevet de survivance de capitaine des gardes de son palais à Rome, et qu'il lui donna des lettres de naturalité, le 15 juillet 1777.

Voici ce que portent ces lettres de naturalité, à la suite desquelles est le certificat du brevet de survivance de capitaine des gardes du palais de sa Majesté Catholique à Rome; le tout, d'après la traduction faite en 1786, par l'interprête du Roi, de l'amirauté de France et de l'hôtel-de-ville de Paris; certifiée ensuite conforme, par M. Charles Villette, secrétaire-interprête, assermenté de la commune de Paris.

« DOM CHARLES, par la grace de Dieu, roi de Cas-
» tille, de Léon, d'Arragon, des Deux-Siciles, de Jéru-
» salem, de Navarre, de Grenade, de Tolède, de Valence,
» de Galice, de Mayorque, de Séville, de Sardaigne, de
» Cordoue, de Corse, de Murcie, de Yacen, Deloz-
» Alquerbes, d'Aguecirat, de Gibraltar, des îles de Cana
» ries, des Indes-Orientales et Occidentales, des îles et
» Terres-Fermes, de la mer Océan, archiduc d'Autriche,
» duc de Bourgogne, de Brabant, de Milan, du comté
» d'Abspurg, Flandres, Tyrol et Barcelone, seigneur de
» Biscaye et de Moline, etc.....

» Pour ce qui regarde de vous, *Dom Charles-Marie*
» *Canalès*, il m'a été fait relation que, l'année 1736, vou
» êtes né fils de Solymana, bacha, de nation Turc naturel
» de Smyrne, lieutenant-général en la bataille contre la
» Russie, au siége de Bender, l'an 1770, et de Marie

» Antoinette Canalès, naturelle de Sabadel, dans la prin-
» cipauté de Catalogne, qui, par rare accident, fut cap-
» tive et mise dans le sérail du dessus nommé votre père;
» laquelle n'a jamais dérogé aux lumières de l'évangile,
» malgré l'embarras où elle se trouvait dans ce malheu-
» reux accident, en consentant de renvoyer ses enfans
» dans mes royaumes, avec les moyens les plus possibles;
» que l'année 1753, vous avez obtenu la grace de venir
» dans mesdits royaumes, accompagné et sous la conduite
» de religieux Franciscains; et instruit par leurs lumières
» en la grace du Seigneur, vous avez reçu le baptême en
» la ville de Cadix, le trente de janvier 1762; de là,
» vous vous transportâtes à Madrid, donnant des mar-
» ques de véritable catholique romain; que vous pré-
» méditâtes de prendre l'état du mariage, et vous l'avez
» exécuté avec Manuelle Rubio, fille de Christophe et
» de Marguerite Malé, natif de la ville de Saragosse,
» de laquelle vous eûtes trois enfans, etc.....»

Le surplus de la teneur desdites lettres de naturalité, quelqu'honorable qu'il soit au sieur Canalès-Oglou, devient indifférent à la chose. Il suffit seulement d'en extraire ce qui est nécessaire pour prouver qu'il est né Turc.

Quatrième preuve. Cette preuve est tirée d'une lettre de M. *de Peyssonnel*, Consul-général de France à Smyrne, adressée, lors de son retour à Paris, au sieur Canalès-Oglou; cette lettre est ainsi conçue :

« Monsieur de Peyssonnel a l'honneur de présenter
» ses civilités à monsieur Canalès, et de le remercier très-
» humblement de son obligeante invitation. Il est mortifié
» que l'indisposition qu'il a, ne lui permette pas d'en pro-
» fiter. Dès qu'il sera en état de faire une course, il ne
» manquera pas d'aller rendre ses *devoirs à monsieur*
» *Canalès*, et lui en faire ses excuses. *J'attends demain*
» *votre cousin Boullon Morange.* — A Paris, dimanche
» matin..... »

Il est sensible que monsieur de Peyssonnel, qui connaissait particulièrement les sieurs Canalès - Oglou et de Boullon Morange, ne les aurait pas traité de cousins, s'ils ne fussent nés Turcs tous les deux; puisque le sieur de Boullon Morange, n'ayant jamais été marié, ne pouvait être cousin du sieur Canalès - Oglou, du côté de sa femme.

Cinquième preuve. Elle est tirée du testament du sieur Montbrun, valet-de-chambre du sieur de Boullon Morange, passé devant Me Coupery et son collègue, notaires à Paris, le 10 pluviôse an 10. Ce fidèle serviteur, au lit de la mort, s'exprime ainsi : « je déclare avoir connu parfaite-
» ment le sieur de Boullon Morange; que j'ai été à son
» service pendant environ dix-huit ans. J'ai connaissance
» que le sieur Boullon Morange était né *Oglou* en son
» nom, de la famille des *Schérifs* à Philadelphie, et que son
» héritier *naturel* et légitime en France, était Charles-

» Marie Canalès-Oglou, né à Smyrne, fils du Bacha de
» Smyrne. »

Par le même testament, ce fidèle serviteur fait plusieurs legs au sieur Canalès-Oglou et à la dame son épouse.

Or, un semblable témoignage, venant de la bouche d'un serviteur instruit par son propre maître, n'est pas suspect, sur-tout, émis à l'article de la mort.

Ce testament parvenu à la connaissance du sieur Robin, celui-ci se transporta, comme un furieux, chez le notaire, (ainsi qu'on l'a déja observé dans les faits), lui demanda à voir la minute, et la froissa de colère à la déchirer : heureusement qu'il en fut empêché! La dame veuve Robin, et le sieur Robin, fils, à l'exemple du sieur Robin, père, élèvent aujourd'hui mille chicanes, pour ne pas payer les objets des legs de ce testament, dont ils se sont emparés tous les trois, en s'habillant d'abord à neuf de la garde-robe du sieur de Boullon Morange, laquelle appartenait si légitimement au valet-de-chambre.

Sixième preuve. Le sieur Joseph *Béchénam*, ancien professeur de langues orientales, demeurant, depuis quarante ans, à Paris, s'exprime ainsi, dans un certificat en forme de déclaration devant M⁰ Bro et son collègue, notaires à Paris, le 2 pluviôse an 12 :

« PARDEVANT, etc.

» Fut présent le citoyen Joseph Béchénam, ancien pro-
» fesseur de langues orientales, demeurant, depuis qua-
» rante ans, à Paris, actuellement rue des Aveugles,
» n° 449, division du Luxembourg :

» Lequel a, par ces présentes, déclaré bien connaître
» le citoyen Charles-Marie Canalès-Oglou, demeurant à
» Paris, rue du Four, n° 181, même division, à ce pré-
» sent ; qu'il sait et certifie que le citoyen Canalès-Oglou,
» né à Smyrne, était cousin du citoyen Jean - Marie-
» Alexis de Boullon Morange, décédé à Paris, le 29
» juillet 1788, l'ayant entendu dire audit Boullon Morange
» lui-même ; que ledit Boullon Morange, qui avait reçu
» ce nom, lorsqu'il fut baptisé en France, était fils d'un
» frère de Cara-Osman Oglou (1), lequel était grand-père
» dudit Canales-Oglou, comparant.

» De plus : qu'il sait que l'usage en Turquie, est que
» ceux qui abjurent la religion dans laquelle ils sont nés,
» pour professer la religion Musulmane, sont regardés
» par la loi comme frères et héritiers l'un de l'autre, lors-
» qu'il a existé entr'eux des rapports et des relations

---

(1) L'un des plus puissans Seigneurs de l'Empire Ottoman, qui, en 1683, assiégea Vienne en Autriche, avec une armée de plus de 150,000 hommes.

» d'amitié, ou d'autres; et que lesdits Canalès-Oglou et
» Boullon Morange se trouvent dans le cas inverse, ayant
» tous les deux abjuré la religion Musulmane, et ayant
» été baptisés en Europe, et ayant été liés d'amitié et
» de parenté.

» Comme aussi, certifie qu'en Turquie, il n'existe au-
» cun registre public de naissance, qui puisse constater
» les filiations et parentés, et que la loi défend, sous les
» peines les plus sévères, de prendre aucun renseigne-
» ment sur tout individu, né en Turquie, qui a, depuis,
» abjuré la religion qu'on y professe.

» En foi de quoi...... »

On ne suspectera pas, sans doute, le témoignage du sieur Béchénam, professeur de langues orientales, né en Turquie, parlant d'après ses propres connaissances, et conférant souvent en idiôme turc, avec le sieur Canalès-Oglou.

Septième preuve. A tous ces témoignages que l'on vient de rapporter, s'en réunit une foule d'autres non moins respectables, tirés, entr'autres, de certificats et lettres; et de monsieur de Villedeuil, ancien contrôleur-général des finances; et de monsieur le marquis de la Luzerne, ambassadeur de France, auprès de sa Majesté Britannique; et de M. Barthélemy, ministre plénipotentiaire de France en Angleterre; et de M. le Comte de Vergennes : témoignages qui, tous, sont des plus honorables pour le sieur

Canalès-Oglou. On ne les transcrits point ici, pour évite[r] une trop grande prolixité ; mais ils sont joints aux pièces.

Rien n'est donc plus constant que le sieur Canalès[-] Oglou ne soit d'origine turque, et qu'il ne soit né Turc.

II[e] DISCUSSION.

Le sieur Canalès-Oglou *est le cousin du sieu[r]* de Boullon Morange.

Les preuves de la parenté du sieur Canalès-Oglou ave[c] le sieur de Boullon Morange, se puisent, non-seulemen[t] dans des lettres écrites par celui-ci au sieur Canalès-Oglou[,] mais encore, dans des actes authentiques faits sur la réqu[i]sition de personnages de la plus grande probité, à l'articl[e] de la mort, pour la décharge de leur conscience.

Première preuve. Une lettre de la main du sieur d[e] Boullon Morange, au sieur Canalès-Oglou, s'exprim[e] ainsi : « J'ai reçu, *mon cher cousin*, la lettre que vou[s] » m'aviez adressée. Je suis charmé de vous savoir e[n] » bonne santé. Si j'ai tardé à vous répondre, c'est qu[e] » j'étais à Versailles pour mes affaires. J'ai eu une longu[e] » conférence avec M. le Comte Vergennes : je lui ai parl[é] » de vous, *et je lui ai dit que vous étiez mon parent.* I[l] » m'a dit qu'il vous connaissait bien, et que vous avie[z]

» présenté dernièrement un mémoire au Roi, pour votre
» terre d'Espagne, qui vous a été accordée par Sa Majesté :
» il m'a dit aussi qu'il vous a recommandé à M. de Mar-
» ville. Je vous engage de ne pas perdre de vue ces mes-
» sieurs : j'espère que vous en recevrez une heureuse satis-
» faction. Adieu. Portez-vous bien, en attendant le plaisir
» de vous voir.

» DE BOULLON MORANGE. »

Deuxième preuve. Une lettre du sieur de Boullon Morange, datée du 4 juin 1783, au sieur Canalès-Oglou, dit :
« Je suis bien fâché, *mon cher cousin*, de ne m'être point
» trouvé à la maison, lorsque vous vîntes, et que vous
» eûtes la complaisance de m'apporter des prémices de
» votre jardin, dont je vous fais bien des remercîmens. Je
» vous envoie par Montbrun deux bouteilles de liqueurs et
» une boîte de tabac d'Espagne. J'irai vous voir, lundi ou
» mardi, avec M. le comte de Polignac.

» Je suis avec amitié, *mon cher cousin*,

» DE BOULLON MORANGE. »

Troisième preuve. Une lettre du sieur de Boullon Morange, datée du 10 juillet 1787, au sieur Canalès-Oglou,
s'exprime ainsi : « *Mon cher cousin*, je profite de l'occa-
» sion de M. l'abbé Martin, chanoine de Verdun, pour
» répondre à votre lettre, qu'ayant dîné avec moi, ainsi
» que M. le Comte de Pollote et M. de Peyssonnel, nous
» avons beaucoup causé ensemble à votre sujet : il nous a

» fait le détail des travaux que vous entrepreniez dans
» votre terre à Verdun, et que monseigneur l'évêque vous
» rendait de fréquentes visites pour voir vos plantations,
» et qu'il vous invite souvent à dîner avec lui. Cela me fait
» un grand plaisir que vous vous faites une grande renom-
» mée dans l'agriculture. *Je lui dis que j'aurai soin de vos*
» *affaires*, lorsque j'aurai fini les miennes. Vous m'invitez
» d'aller vous voir; je le desire, pour me distraire un peu
» de mes fatigues. Je ne peux faire ce voyage que je n'aie
» conclu mes affaires. Je vous embrasse, *mon cher cousin*,
» ainsi que toute votre famille.

» Votre très-humble et obéissant serviteur,

» DE BOULLON MORANGE. »

Si les adversaires avaient la témérité d'élever le moindre doute sur ces trois lettres écrites de la main du sieur de Boullon Morange, la vérification en serait facile : l'inventaire constate qu'il existe des écritures et signatures du sieur de Boullon Morange, lesquelles sont aujourd'hui en la possession de la dame veuve Robin et du sieur Robin, fils : ces pièces de comparaison ne pourront alors devenir suspectes.

En attendant, avec la plus grande sécurité, la vérification de ces pièces de comparaison, voici encore des témoignages de parenté non moins frappans.

Quatrième preuve. Le testament du sieur Montbrun, valet-de-chambre du sieur de Boullon Morange, (que l'on a déja cité *à la cinquième preuve de la première discussion*), dit: « Qu'il a connaissance que le sieur de Boullon
» Morange était né *Oglou*, en son nom, de la famille des
» *schérifs* à Philadelphie ; et que son héritier *naturel* et légitime en France était Charles-Marie Canalès-Oglou, né
» à Smyrne, fils du Bacha de Smyrne. »

Cinquième preuve. Un capucin du couvent de la rue St-Honoré à Paris, retiré à Charonne, n° 135, se voyant près de payer le dernier tribut à la nature (1), envoya, le 8 ventôse an 10, prier le sieur Benoît Pinatel, juge-de-paix du huitième arrondissement de Paris, de vouloir bien se transporter en son domicile. Ce juge-de-paix s'étant rendu à l'invitation de ce bon père capucin, en reçut la déclaration suivante, dont il dressa procès-verbal.

« Nous avons trouvé et est comparu devant nous, le
» citoyen Simon Bricardey, dit frère Sébastien, ci-devant
» capucin de la rue Saint-Honoré ;

» Lequel nous a déclaré qu'il certifie, comme témoin,
» avoir vu venir très-souvent le citoyen Canalès-Oglou

---

(1) Cet homme vénérable, accablé sous le poids des infirmités et des années, est actuellement à l'hospice de Mont-Rouge près Paris.

» audit couvent, rendre visite à feu Boullon Morange ; que
» ledit Canalès - Oglou y mangeait très-souvent ; que la
» plus grande intimité régnait entr'eux ; qu'il a toujours
» entendu dire, dans la communauté, que ledit Canalès-
» Oglou était le cousin de Boullon Morange ; que chacun
» le regardait comme tel ; qu'il l'a entendu dire, notamment
» par le père Poix, capucin audit couvent, et confesseur
» dudit Boullon Morange, et même dudit Canalès-Oglou ;
» qu'il l'a entendu appeler et vu traiter comme tel, par ledit
» défunt Boullon Morange ;

» Comme aussi, qu'il certifie et déclare avoir été cher-
» cher le citoyen L'Homme, notaire, à onze heures du
» soir, pour faire le testament de Boullon Morange, qui
» fut terminé à une heure du lendemain matin, vingt-neuf
» juillet 1788 ; et que ledit Boullon Morange décéda le
» même quantième, à huit heures du matin ; *déclare de plus*
» *qu'ils étaient trois,* Y COMPRIS LE CITOYEN ROBIN. »

Cette déclaration est sans doute décisive ; mais elle le devient encore bien davantage, en considérant qu'elle cadre parfaitement avec les deux suivantes, sur l'importante question de la parenté.

Sixième preuve. Le sieur Jean-Baptiste Hotto, ancien limonadier, demeurant à Paris, en la cour du Manège, se voyant au lit de la mort, fait, pour la décharge de sa conscience, la déclaration suivante devant le sieur Magnière,

juge-de-paix du premier arrondissement de Paris, le deux messidor an 10 : « J'atteste, par notoriété et vérité, que j'ai
» connu monsieur de Boullon Morange pendant l'espace de
» dix-huit ans ; que j'ai mangé très-souvent avec lui, en
» qualité d'ami; et que j'ai vu, pendant l'espace de six
» à sept ans, venir chez moi monsieur Boullon Morange
» avec monsieur Canalès-Oglou. La curiosité me porta à
» demander au défunt : — *Il paraît que vous êtes bon ami*
» *avec monsieur Oglou?* — *Oui*, me répondit monsieur
» Boullon Morange; *nous sommes plus qu'amis, car c'est*
» *mon cousin !* Et depuis je l'ai vu traiter habituellement
» le sieur Oglou comme son parent.

» J'atteste, de plus, qu'à sa dernière maladie, je me pré-
» sentai plusieurs fois pour voir ledit sieur Boullon Mo-
» range, et que la porte me fut constamment refusée. J'en-
» voyai mon neveu différentes fois, toujours même refus.
» Quelques jours après, le domestique me dit qu'il avait
» ordre de ne laisser entrer qui que ce soit.

» Qu'il fait la présente déclaration pour servir au be-
» soin; et qu'il en requiert acte que nous lui avons oc-
» troyé.... »

Septième preuve. Le sieur Jean Bonneau, perruquier, demeurant à Paris, rue Charonne, division de la rue de Montreuil, fait la déclaration suivante devant le sieur

Benoît Pinatel, juge-de-paix du huitième arrondissement de Paris, le quinze ventôse an 10.

« Est comparu le sieur Jean Bonneau, lequel a déclaré
» et certifié que, dans le courant de l'année 1787, il a
» coiffé trois fois le citoyen Boullon Morange chez le ci-
» toyen Canalès-Oglou, au Grand-Charonne, où demeu-
» rait ce dernier, et qu'il a entendu ledit citoyen Boullon
» Morange *qualifier ledit citoyen Canalès-Oglou, de cou-*
» *sin*, et celui-ci l'appeler du même titre; que, de plus,
» il a vu ledit sieur Boullon Morange caresser les enfans
» dudit sieur Canalès-Oglou, en leur disant qu'*un jour ils*
» *seraient ses héritiers*, attendu que son intention était de
» ne jamais se marier.

» Faisant, ledit citoyen Bonneau, la présente déclaration
» pour rendre hommage à la vérité, et servir et valoir ce
» que de raison à qui il appartiendra : de laquelle déclara-
» tion il lui a été donné acte. »

Huitième preuve. Le sieur Joseph Béchénam, professeur de langues orientales, (le même dont nous avons rapporté, tout au long, la déclaration, *dans notre sixième preuve de la première discussion*), « dit et certifie que le citoyen
» Canalès-Oglou, né à Smyrne, était cousin du citoyen
» Jean-Marie-*Alexis* (1) Boullon Morange, décédé à Paris,

---

(1) Il est ordinaire de confondre le nom d'*Alexis* avec celui d'*Alix*.

» le 29 juillet 1788, l'ayant entendu dire audit Boullon
» Morange lui-même. »

Tant de témoignages uniformes en faveur de la parenté du sieur Canalès-Oglou avec le sieur de Boullon Morange, sont, sans doute, bien équivalens à toute représentation de registres publics, dont le sage établissement est inconnu en Turquie, lieu de leur naissance. Dès-lors, à défaut de ces registres, le vœu de l'art. 4 du titre 20 de l'ordonnance de 1667, et le vœu de l'article 46 du titre 2 du Code civil, sont donc parfaitement remplis. De là, on peut donc conclure en toute assurance, que le sieur Canalès-Oglou, étant incontestablement *le cousin* et *le parent* du sieur de Boullon Morange, lui seul est habile à se dire et à se porter héritier de tous les biens composans sa succession : c'est ce que l'on va démontrer dans le paragraphe suivant.

III.ᵉ DISCUSSION.

Le sieur CANALÈS-OGLOU *est et doit être le seul héritier du sieur* DE BOULLON MORANGE, *son cousin et son parent.*

LA parenté du sieur Canalès-Oglou avec le sieur de Boullon Morange, étant démontrée d'une manière péremptoire, d'après les preuves lumineuses rapportées aux deux paragraphes précédens ; son droit à l'hérédité de celui-ci devient donc dès-lors incontestable. Par le décès de son parent, il est saisi, de plein droit, de toute sa succession, ainsi qu'il est dit dans la Coutume de Paris, article 318 : « Le mort saisit le vif, son hoir plus proche et habile à » lui succéder. »

En vain, la dame veuve Robin et le sieur Robin, fils, viendraient-ils objecter, de nouveau, aujourd'hui, que le sieur Canalès-Oglou, en tant qu'étranger, n'a aucun droit à prétendre dans la succession de son parent !

Si les premiers défenseurs du sieur Oglou ont eu leurs raisons pour ne pas repousser dans le néant cette prétendue objection, voici maintenant sa réponse :

L'article 3 du titre 2 de la Constitution dit : « Ceux qui, » nés hors du royaume, de parens étrangers, résident en » France, deviennent citoyens français, après cinq ans de » domicile continu dans le royaume, s'ils y ont en outre » acquis des immeubles, ou épousé une française, ou » formé un établissement d'agriculture, ou de commerce, » ou s'ils ont prêté le serment civique. »

Le vœu de cet article a été rempli à la lettre et au-delà par le sieur Canalès-Oglou : 1° Il réside en France depuis vingt-six ans ; 2° il y a acquis la terre de Bellevue, près Verdun, département de la Meuse ; 3° il y cultive l'agriculture ; 4° il a épousé une française ; 5° il a des enfans, dont un est au Prytanée; 6° il paie les contributions; 7° il a prêté le serment civique ; 8° bref, il est reconnu citoyen français par toutes les autorités constituées et par tous les honnêtes gens, excepté par ses anciens défenseurs. En 1787, le parlement de Metz l'a reconnu citoyen français. Toutes les pièces justificatives de ces faits sont jointes.

L'article 13 du Code civil, du titre 1er, chap. 1er s'exprime ainsi : » L'étranger qui aura été admis par le Gou-
» vernement à établir son domicile en France, y jouira de
» tous les droits civils, tant qu'il continuera d'y résider. »

D'après le vœu de cet article, on ne peut encore disputer au sieur Canalès-Oglou la jouissance de tous les droits civils; car, outre que, depuis vingt-six ans, il fait sa résidence en France, son intention est d'y résider jusqu'à sa dernière heure. Son épouse, sa petite famille, ses possessions, l'honneur sur-tout d'être citoyen français, sont et doivent être des sûrs garans de sa ferme résolution.

Mais, qui serait plus fondé, en apparence, que le Domaine à contester les droits civils du sieur Canalès-Oglou ? Cependant, le Domaine, loin de songer à élever une semblable prétention, le reconnaît formellement pour le seul et légitime héritier du sieur de Boullon Morange.

Cette assertion est constante par une lettre du sieur de Villeneuve, receveur du Domaine, adressée au sieur

Gobert, juge-de-paix du 12ᵉ arrondissement de Paris, le 24 avril 1806. Quoique l'on ait déjà cité cette lettre dans les faits, néanmoins, comme elle est des plus importantes en cette occasion, on en rapportera encore la partie principale.

« — Il paraît que des personnes mal intentionnées ont
» cherché à faire croire que M. Oglou n'avait plus aucun
» droit à la succession de son parent, et était non-recevable
» à rien demander. Cette opinion est erronée : M. Oglou
» n'a perdu aucun des droits que sa qualité constante de
» seul parent du décédé lui donne. Il est certain que le
» Domaine n'a point été investi de tout ce qui devait lui
» revenir; que les héritiers du sieur Robin doivent un
» compte de sommes considérables par lui reçues ; et il est
» à ma connaissance que M. Oglou est en réclamation pour
» faire connaître ses droits; et il y a tout lieu de présumer,
» non-seulement qu'ils seront reconnus par le préfet du
» département, mais que ce magistrat ordonnera des pour-
» suites pour le recouvrement des sommes spoliées, ou non
» versées dans la Caisse domaniale.

» Voilà, monsieur, les renseignemens qui sont à ma con-
» naissance sur l'affaire de la succession du sieur de Boullon
» Morange, ouverte dans mon arrondissement. Je me fais
» un vrai plaisir de vous les transmettre, à la prière de
» M. Oglou, pour rendre hommage à la vérité, etc.

» DE VILLENEUVE. »

Une autre lettre de M. de Villeneuve, adressée le 27 juin 1806, à M. Bachelery, vérificateur des Domaines, annonce de même que le sieur Canalès-Oglou est l'héritier du sieur de Boullon Morange. Elle est ainsi conçue : « J'ai
» l'honneur de saluer M. Bachelery, et le prie d'écouter
» M. Canalès-Oglou ; c'est lui qui est héritier de la succes-
» sion Boullon Morange, dans laquelle il paraît qu'il y a eu
» plusieurs millions soustraits au Domaine. M. Bachelery a
» entre ses mains une pétition ; il ne pourra rien faire sans
» avoir en communication une foule de pièces qui m'ont
» été représentées, mais que j'ai remises à M. Oglou. J'ai
» encore fait aujourd'hui les recherches les plus approfon-
» dies, tant sur les sommiers, que sur les pièces de Ma-
» lhagon : il n'existe absolument rien sous le nom de Boul-
» lon Morange : c'est une affaire d'une importance majeure.
» Je le prie, en mon particulier, de faire pour M. Oglou
» tout ce qui dépendra de lui. Salut et amitié.

» DE VILLENEUVE. »

La dame veuve Robin et le sieur Robin, fils, ne sont donc pas fondés à venir aujourd'hui contester au sieur Canalès-Oglou une hérédité reconnue par le Domaine, qui a toujours le plus grand intérêt à mettre en avant ses prétentions, pour peu qu'elles soient spécieuses. Il y a mieux : ils peuvent encore moins exciper du jugement du Tribunal civil du département de la Seine, du 4 février 1806, pour retenir plus long-tems la succession du sieur de Boullon

Morange, envahie contre tous droits des gens par le sieur Robin, père ; car jamais les défenseurs du sieur Canalès-Oglou n'ont fait valoir, un seul instant, ni la régularité, ni la légitimité de ses droits successifs. Le préambule de ce jugement et son prononcé en sont une preuve incontestable ; puisque, d'une part, on y lit que le sieur Canalès-Oglou n'a point justifié de sa qualité d'héritier, et que, de l'autre, on invoque des jugemens rendus à la Chambre du Domaine, pour y renvoyer les parties ; tandis que les défenseurs avaient en mains, et les pièces justificatives de sa prétention, et le certificat du receveur du Domaine, qui attestait que le Domaine n'avait jamais été saisi de la succession Boullon Morange.

La preuve de ce dernier fait est sensible par la date et l'enregistrement du certificat du receveur du Domaine, des 5 et 7 nivôse an 14, bien antérieur au jugement du Tribunal civil, du 4 février 1806.

Or, le receveur dit, en termes formels, que, « recher-» ches faites sur les registres de recettes et sommiers rela-» tifs aux déshérences de ladite ville de Paris, il n'existe » rien sur lesdits registres qui soit relatif à la succession du » nommé Boullon Morange, qu'on annonce être décédé » maison conventuelle des Capucins, rue Saint-Honoré, » dans le courant de l'année 1788 ; et qu'il n'est point à sa » connaissance qu'il ait été fait aucune déclaration à ladite » succession, tant à cette époque, que depuis ce tems.....

» DE VILLENEUVE. »

D'où il suit que, si les jugemens de la chambre du Domaine existent, ce sont des jugemens fabriqués sous la cheminée entre certaines gens de la chambre du Domaine et le sieur Robin, pour se partager la succession du sieur de Boullon Morange, au préjudice du sieur Canalès-Oglou; et que de pareils jugemens ne peuvent suspendre, pour un instant aujourd'hui, le compte et la restitution de cette succession qui se trouve entre les mains de la dame veuve Robin et du sieur Robin, fils.

Qu'il est déshonorant pour la nation française de voir éclore, dans son propre sein, cette ligue criminelle, tramée audacieusement dans le sanctuaire même de la justice, (reposant en paix à l'ombre des lauriers de notre auguste Empereur), pour frustrer le sieur Canalès-Oglou de son droit héréditaire, sous prétexte qu'il est étranger! Mais la justice distributive n'est-elle pas due également par tous les peuples de la terre, à chaque individu, sans distinction de religion, de secte ni de pays?

Le Pentateuque, l'Evangile et le Coran renferment la même doctrine sur cet article.

Dans la Loi écrite, Moïse dit expressément: « Vous » ne parlerez point mal des dieux étrangers; vous aurez » soin de l'étranger qui sera parmi vous. »

Dans la loi de grace, le Sauveur du monde nous fait

considérer, dans la parabole du Samaritain, tous les hommes comme notre prochain.

Dans le Coran, chap. 4 (intitulé *les Femmes*), donné à Médine, Mahomet s'exprime de la sorte (traduction du M. Savary) : « Ceux qui, rebelles à Dieu et à ses envoyés,
» veulent mettre de la différence entr'eux, croyant aux
» uns et niant la mission des autres, se font une religion
» arbitraire ; ceux-là sont les vrais infidèles, destinés à
» subir un supplice ignominieux. »

Par ce texte, Mahomet n'entend pas seulement la tolérance des religions, mais encore le respect pour la morale de chacune, en recommandant de ne pas fouler aux pieds l'étranger.

Pythagore, Homère, Platon, Confucius, et tous les anciens philosophes professaient les mêmes sentimens. En effet, la naissance étant une chose du pur hasard, puisqu'il n'est au choix de personne de naître plutôt citoyen de Rome et de Paris, que de Constantinople et de Pékin ; tous les hommes du globe entier doivent donc se considérer comme frères et agir en frères. Après la mort, la poussière du riche et du pauvre, celle du savant et de l'ignorant sont-elles différentes ?

Ainsi, en résumant cette première question : *le sieur Canalès-Oglou est-il véritablement habile à se dire et* à *se porter héritier du sieur de Boullon Morange, son parent?* L'affirmative est plusqu'évidente : 1° en ce qu'il est démontré et prouvé que le sieur Canalès-Oglou est né Turc; 2° que, selon les lois et les coutumes de France, où, par les lois même, il est naturalisé citoyen, il devient dès-lors, de fait et de droit, habile à lui succéder, comme son parent; 3° et qu'on ne peut, en aucune manière, lui opposer le jugement du Tribunal civil du département de la Seine, du 4 février 1806, basé sur des jugemens de la chambre du Domaine, dont l'existence, véritable ou supposée, est incapable de compromettre ses droits.

DEUXIEME QUESTION.

Quelles sont les causes rescindantes et rescisoires du prétendu Testament du sieur de Boullon Morange.

Comme ces causes rescindantes et rescisoires dépendent de l'inobservance des lois, de leur violation; il est donc nécessaire, avant d'aborder le fond de cette question, de rapporter les principes généraux sur la forme des testamens, tant d'après les lois anciennes, que modernes.

L'article 289 de la Coutume de Paris, sous l'empire de laquelle est absolument le testament du sieur de Boullon Morange (duquel testament, au reste, l'essence n'est pas plus véritable que sa date,) dit : « Pour réputer un testa-
» ment solemnel, il est nécessaire qu'il soit écrit et signé
» du testateur, ou qu'il soit passé pardevant deux notaires,
» etc.; et qu'il ait été dicté et nommé par le testateur aux-
» dits notaires....; et qu'il soit fait mention audit testa-
» ment, qu'il a été ainsi dicté, nommé et relu; et qu'il
» soit signé par le testateur..... »

Les articles 271, 272, 273, du Code civil s'expriment ainsi : « Le testament par acte public, est celui qui est reçu
» par deux notaires, en présence de deux témoins, ou par
» un notaire, en présence de quatre témoins..... Il leur est
» dicté par le testateur..... Il doit en être donné lecture au
» testateur..... Il doit être signé par le testateur. »

Le Coran, chap. 5 (intitulé *la Table*), donné à la Mecque : « O croyans ! lorsqu'au lit de la mort, vous ferez votre
» testament, appelez pour témoins deux hommes équita-
» bles d'entre vous. Si quelqu'accident mortel vous surpre-
» naît en voyage, vous pouvez vous servir d'étrangers
» vous les tiendrez sous votre garde; et, après avoir fai
» la prière, si vous doutez de leur foi, vous leur fere
» prêter serment devant Dieu : *Nous ne recevons poin*
» *d'argent pour témoigner, pas même d'un parent; nou*

» *ne cacherons point notre témoignage, car nous serions*
» *criminels.* »

L'article 292 de la Coutume de Paris, relativement aux biens disponibles, et au profit de qui on peut tester, dit :
« Toutes personnes, saines d'entendement, âgées et usant
» de leurs droits, peuvent disposer par testament et ordon-
» nance de dernière volonté, au profit des personnes *capa-*
» *bles*, de tous leurs biens-meubles, acquêts et conquêts-
» immeubles, et de la cinquième partie de tous leurs pro-
» pres héritages, et non plus avant, encore que ce fût pour
» cause pitoyable. »

Ces principes posés : on va examiner si le testament du sieur de Boullon Morange n'est pas dans le cas d'être rescindé, autant par le fait, que par le droit; mais, avant tout, on donnera ici une copie littérale de ce testament, absolument indispensable pour en développer lumineusement toutes les causes rescindantes et rescisoires.

« PARDEVANT les notaires, à Paris, soussignés.

» Fut présent Jean-Marie-Alix *Boullon Morange*, né de famille de schérifs, et naturalisé Français par lettres du Prince, demeurant à Paris, dans un appartement donnant au fond de la cour du couvent des pères Capucins de la rue St-Honoré, trouvé par lesdits notaires, dans une chambre à coucher ayant vue sur le jardin, assis du côté de la fenêtre et de la cheminée, étant malade de corps, mais toutefois sain d'esprit, mémoire et entendement ainsi qu'il est apparu auxdits notaires, par ses discours entretiens.

» Lequel, dans la vue de la mort, dont le moment e incertain, a fait, dicté et nommé auxdits notaires son te tament, comme il suit :

» Premièrement, au nom de la Très-Sainte Trinité, qu j'adore et que j'aime de tout mon cœur, je déclare voulo mourir dans la foi de l'Eglise, qui est une, sainte, cath lique, apostolique et romaine ; croyant de cœur et d'esp tout ce qu'elle enseigne, parce qu'elle est l'organe d Saint-Esprit.

» Je veux et desire que mon enterrement soit fait le pl simplement et à moins de frais qu'il sera possible.

» Je veux aussi que les dettes que je laisserai, soie exactement payées par mon exécuteur-testamentaire après nommé.

1° » Je donne et lègue huit cents livres, une fois payée aux pauvres de la paroisse sur laquelle je décéderai.

2° » Je donne et lègue aux révérends pères Capucins la rue Saint-Honoré, vingt mille livres, une fois payée pour prier Dieu pour moi et pour le repos de mon ame.

3° « Je donne et lègue six mille livres, une fois payées, pour l'Ecole Hébraïque établie audit couvent.

4° « Je donne et lègue au nommé Montbrun, mon domestique, tous les habits, linges de corps, et hardes qui se trouveront composer ma garde-robe ; plus, quinze cents livres de rente et pension viagère, sa vie durant, payables par quartier, et à prendre sur les plus clairs revenus des biens de ma succession, et même de préférence aux legs ci-après. Le tout, pour le récompenser de ses bons et fidèles services et de son attachement à ma personne. Je veux que ladite rente soit exempte de la retenue des impositions.

5° » Je donne et lègue la somme de cinquante mille livres, une fois payée, aux nommés Alexandre, Philippe, Catherine et Jacques Dubois, établis à Croisse-Vanle-les-Pois, en Picardie, diocèse d'Amiens, ou ailleurs, pour être partagée entr'eux par quart : et à leur défaut, je donne ladite somme à leurs enfans et descendans, ou à leurs héritiers collatéraux, seulement au premier degré ; de manière qu'au défaut des héritiers collatéraux audit premier degré d'un desdits susnommés, sa portion accroîtra aux autres. Le présent legs, ainsi fait, en considération des soins et peines que le révérend père Louis Depoix, capucin, leur parent, a pris, tant pour mon éducation, que pour mon instruction dans la religion chrétienne, et pour mon avancement.

6° » Je donne et lègue au sieur Pierre Carlier, intendant des affaires de M. de Balincourt, mille livres de rente viagère, sa vie durant; ou dix milles livres, une fois payées, à son choix, comme une marque de l'estime que j'ai pour lui.

7° » Je donne et lègue aux enfans ou héritiers du sieur Laurent Scellier, bourgeois de Caen, douze mille livres, une fois payées, en reconnaissance des peines et soins qu'il a pris pour mes affaires.

8° » Je donne et lègue à M. Perron, notaire, la somme de quatre-vingt mille livres, une fois payée.

9° « Je donne et lègue à la fille aînée dudit Perron, ma commère, vingt mille livres, une fois payées; laquelle somme sera placée à son profit, si elle est mineure, pour le revenu lui en appartenir, à compter du jour de son mariage, ou lorsqu'elle aura vingt ans; faite et être touchée librement, sur sa simple quittance, pour en disposer comme il lui plaira, même en cas de mariage, sans avoir besoin de l'autorisation de son mari; et jusqu'auxdites époques de son mariage, ou de vingt années, le revenu de vingt mille livres appartiendra audit Perron, son père.

10° » Je donne et lègue à mon filleul, que j'ai tenu

avec ladite demoiselle Perron, 300 liv. de rente viagère, pendant sa vie.

11° » Je donne et lègue au révérend père Jérôme Darias, capucin de la rue Saint-Honoré, 200 liv. de rente viagère, sa vie durant.

12° » Je donne et lègue au révérend père Sixte, de Vésoul, capucin du même couvent, pareille somme de 200 liv. de rente viagère, pendant sa vie. Le tout, afin qu'ils prient Dieu pour le repos de mon ame; et je veux que lesdits Pères Darias, et Sixte, de Vésoul, touchent ladite rente sur leurs simples quittances, sans avoir besoin de l'autorisation de leurs supérieurs.

13° » Je donne et lègue au couvent des révérends pères Capucins de Smyrne, une somme de 4,000 liv., pour être employée à l'achat d'une lampe d'argent qui sera placée devant le grand autel de leur église, et y restera à perpétuité.

14° » En reconnaissance des bontés qu'ont eu pour moi feu M. le Dauphin et madame la Dauphine, père et mère de Louis XVI, je desire qu'il soit fondé dans l'église desdits Capucins de la rue Saint-Honoré, et toutefois, de l'agrément de Sa Majesté, une grand'messe de *Requiem*, à perpétuité, pour le repos de leurs ames, et pour la conservation et prospérité de l'auguste famille royale : en conséquence, je donne et lègue la somme qui sera jugée nécessaire par mon exécuteur-testamentaire, ci-après nommé, pour faire ladite fondation, et je le charge nommément de donner tous ses soins pour que ladite fondation ait lieu.

15° » Je donne et lègue à M. Peyssonnel, ancien consul de France à Smyrne, mon ami, 20,000 livres, une fois payées.

16° » Je donne et lègue à M. Lehoux, secrétaire de M. Poitevin de Maissemi, maître des requêtes, 1,200 liv. de rente viagère, en considération de ce qu'il a travaillé à plusieurs de mes affaires, concernant la concession des biens, qui m'a été faite par le feu Roi Louis XV, de glorieuse mémoire, et comme m'ayant toujours montré beaucoup d'affection.

» J'entends que les rentes et pensions viagères que je viens de léguer, soient exemptes de toutes retenues des impositions, présentes et futures.

17° » Quant au surplus de mes biens et de mes droits et prétentions, tant dans la concession qui m'a été faite par Sa Majesté, suivant l'arrêt du Conseil, du 24 septembre 1761, et dans les suites de ladite concession, que vis-à-vis et contre les Seigneurs (ces derniers, comtes et comtesse de Polignac, d'Aspect et leurs enfans) : le tout résultant de deux actes passés entre nous, devant notaires à Paris, le même jour, 13 juillet 1778 : ainsi que tout ce qui sera dû à ma succession pour les avances et déboursés que j'ai faits pour lesdits Polignac, d'Aspect et leurs enfans, depuis la passation dudit acte ; *je le donne et lègue à monsieur Léonard Robin, avocat au Parlement, mon défenseur et mon ami, que je fais et institue pour mon légataire-universel, par la reconnaissance, l'estime et l'amitié que m'ont inspiré ses services continuels, depuis l'année 1781 ; la manière confiante dont il a toujours usé vis-à-vis de moi, le zèle et l'affection qu'il m'a toujours montrés, et parce que je le regarde comme le principe et le soutien des différentes libéralités et dispositions que je suis en état de faire en faveur de mes amis et autres.*

Et néanmoins, comme je ne desire pas seulement lui donner des marques de reconnaissance, d'estime et d'amitié ; mais aussi, m'acquitter envers lui des justes honoraires et dédommagemens que je lui dois pour les travaux très-considérables qu'il a faits, les démarches, voyages, déplacemens et pertes de tems, ensemble les peines et soins continuels auxquels il n'a cessé de se livrer depuis 1781, dans les affaires de ma concession, dans la négociation du traité conclu avec M. le comte d'Artois, et dans mes réclamations auprès du ministère, sur la révocation de ma concession, et sur les indemnités accordées par suite de cette révocation : mon intention, c'est que le legs universel, que je viens de faire audit sieur Robin, lui profite au moins; et lui soit délivré jusqu'à concurrence de soixante et dix mille livres, avant les autres legs ci-dessus énoncés, par moi faits; excepté cependant ceux faits en faveur du nommé Montbrun, mon domestique, et les pauvres de la paroisse sur laquelle je décéderai, lesquels seront acquittés et payés de préférence; le surplus dudit legs universel lui appartiendra après l'acquittement des autres legs ci-devant faits. Et dans le cas, où prélèvement fait de ladite somme de soixante et dix mille livres, à laquelle j'entends que les honoraires dudit sieur Robin et dédommagemens soient fixés, et les legs faits, comme dit est, à mon domestique et aux parens; payés; ce qui restera dans ma succession, ne se trouvant pas suffisant pour acquitter les autres legs particuliers; en ce cas, je veux que chacun desdits legs soit diminué en proportion de leur quotité et du déficit total, sans qu'il puisse être fait audit sieur Robin aucun retranchement de ladite somme de soixante et dix mille livres.

18º « Je nomme, pour mon exécuteur-testamentaire, M. Léger-de-Monthuon, avocat au Parlement, que je prie de vouloir bien accepter la charge, me dessaisissant en ses mains de tous mes biens suivant la coutume, et je le prie d'accepter, pour les peines et soins qu'il prendra dans ladite exécution testamentaire, un diamant de la valeur de trois mille livres.

» Je révoque tous testamens, codiciles et ordonnances de

dernière volonté, que j'aurais pu faire avant le présent testament, auquel seul je m'arrête, comme contenant mes intentions et volontés.

» Ce fut ainsi fait, dicté et nommé par ledit testateur auxdits notaires, soussignés; à lui par l'un d'eux, l'autre présent, lu et relu, ce qu'il a dit bien entendre et y persévérer. A Paris, en ladite chambre susdésignée, l'an mil sept cent quatre-vingt-huit, *le mardi quinze juillet, sur les une heure un quart du matin ;* et a ledit testateur signé *de Boullon Morange, Griveau* et *L'Homme*, notaires, ces deux derniers avec paraphes.

» Collationné par les notaires à Paris, soussignés, ce jourd'hui cinq prairial an neuf, sur la minute dudit testament étant en la possession de Jallabert, l'un desdits notaires, comme successeur de L'Homme, ci-devant notaire. Signé *Peset* et *Jallabert*.

» Nous président de la 6ᵉ section du Tribunal civil de première instance du département de la Seine, faisant pour l'empêchement du président dudit Tribunal, certifions que les signatures ci-contre, sont celles des citoyens Peset et Jallabert, notaires à Paris, et que foi doit y être ajoutée, tant en jugement, que hors : pourquoi nous avons fait apposer *le sceau* dudit Tribunal. Fait le vingt-cinq prairial an onze. Signé *Sabarot.* »

Tel est le testament que l'on dit avoir été fait, dicté et

nommé par le sieur de Boullon Morange, mais dont la vérité est qu'il a été fait, dicté et nommé et ensuite signé par le sieur Robin, comme seul intéressé à la chose : et si la signature du sieur de Boullon Morange n'a pas été contrefaite par le sieur Robin, elle l'a au moins été par un tiers aposté. C'est ce que l'on va démontrer dans les deux paragraphes suivans ; le premier : *le testament est rescindé par le fait ;* le second : *il est rescindé par le droit.*

PARAGRAPHE PREMIER.

Le testament du sieur DE BOULLON MORANGE *est rescindé par le fait.*

AVANT toutes observations sur l'essence du testament, on remarquera que la loi, exigeant l'insinuation de toute donation, l'inventaire, fait après le décès du sieur de Boullon Morange, porte que son testament a été insinué le cinq août 1788 ; que la requête de l'exécuteur-testamentaire, au bureau de la chambre du Domaine, annonce qu'il a été insinué le *premier décembre* 1788 ; et que le jugement, intervenu sur cette requête, dit qu'il a été insinué le *dix-huit décembre* 1788 : que l'inventaire porte que le sieur de Boullon Morange est mort le *vingt-neuf* juillet 1788 ; et que la requête du procureur du Roi, du bureau de la Chambre du Domaine dit qu'il est mort au mois d'août 1788.

Cependant il est certain que le testament n'a pas été insinué à trois fois différentes; et que le sieur de Boullon Morange n'a jamais joui du privilège de mourir deux fois comme Lazare.

Première observation. Le testament est annoncé daté du 15 juillet 1788, à une heure un quart du matin. — Le citoyen Simon Bricardey, dit frère Sébastien, ci-devant capucin au couvent de la rue Saint-Honoré, à Paris, déclare et certifie, *in extremis,* pour la décharge de sa conscience, devant le sieur Pinatel, juge-de-paix du huitième arrondissement de Paris, le 8 ventôse an 10, « qu'il a été
» chercher le citoyen L'Homme, notaire, à onze heures
» du soir, pour faire le testament dudit Boullon Morange,
» qui fut terminé à une heure du lendemain matin, 29
» juillet 1788; et que ledit Boullon Morange décéda le
» même quantième, à huit heures du matin : déclare de
» plus qu'ils étaient trois, *y compris le citoyen Robin.* »

Ce témoignage, tout étrange qu'il paraisse, serait appuyé de beaucoup d'autres, s'il en était besoin!

Deuxième observation. De bonne foi! la nature de ce testament annonce-t-elle une confection, une diction, une nomination d'un homme de cour, tel qu'était le sieur de Boullon Morange, qui, de sa vie, n'a songé à étudier les Us et Coutumes des lois testamentaires ? N'y découvre-t-on pas, depuis le commencement jusqu'à la fin, le style, l'astuce et la souplesse d'un homme profondément versé dans *la Science du Parfait-Notaire* ?

Troisième observation. La signature que les notaires disent être celle du testateur, n'est point la signature du sieur de Boullon Morange, moribond, à qui, d'ailleurs, l'état convulsif de sa maladie extraordinaire ne permettait nullement de signer. Cette assertion est plus que sensible par la représentation de la minute de ce testament.

Trois lettres *jointes* du sieur de Boullon Morange annoncent qu'il ne mettait point la lettre *S* à la fin de son nom, comme elle est ajoutée dans l'expédition du testament.

Quatrième observation. Le testateur veut que les dettes qu'il laissera, soient exactement payées : mais ce langage ne peut être celui du sieur de Boullon Morange, qui ne devait jamais rien à personne. L'inventaire fait foi de cette assertion : il n'a pas laissé un sou de dettes; au contraire, beaucoup de reconnaissances à lui dues, notamment par le sieur Robin.

Cinquième observation. Les legs pieux s'élèvent à 30,800 liv., non compris une fondation annuelle dont le prix est indéterminé : les legs en argent s'élèvent à 252,000 liv., et les rentes viagères à 4,400 liv.

Ces trois sortes de legs doivent d'abord être exécutés ponctuellement. Cependant, il y est tout-à-coup dérogé par un legs particulier, *in fine*, au sieur Robin, de 70,000 liv.; non compris son legs universel : et ce legs doit lui être payé de préférence et sans concurrence, « *sans qu'il* » *puisse être fait au sieur Robin, aucun retranchement* » *de ladite somme de 70,000 liv.* »

L'article 273 de la Coutume de Paris dit : « *Donner et retenir ne vaut* »; et la saine raison dit que l'entortillage de ce legs particulier n'est qu'une tournure adroite pour éluder tous les autres legs, ou les forcer d'entrer en bonne composition avec le sieur Robin. Aussi, le sieur Robin, revêtu de son égide redoutable *de préférence et sans concurrence*, n'a pas manqué de contester, plus ou moins, tous les legs ; en conséquence, il a traité comme il a voulu, avec tous les légataires : c'est ce qu'apprend une lettre par lui écrite au sieur Canalès-Oglou, le 20 nivôse an 9 : cette lettre est jointe.

Les legs pieux étaient une couverture adroite, pour écarter tous les soupçons sur la sincérité du testament du sieur de Boullon Morange, dont la piété était notoirement connue.

Quant aux legs particuliers, ils n'étaient placés là, que pour lui donner encore un double vernis de ressemblance. L'exécuteur-testamentaire n'en a payé aucun : assertion, sans doute, bien fondée, puisque le sieur Robin dit, par sa lettre dudit jour 20 nivôse an 9, que lui-même a traité avec les légataires : d'ailleurs, jusqu'à ce jour, il n'a jamais paru aucun compte de l'exécuteur-testamentaire.

Sixième observation. Le sieur de Boullon Morange ne pouvait pas redevoir au sieur Robin cette somme de 70,000 liv., pour des honoraires et frais relatifs à la concession de Louis XV, depuis 1781. C'est le sieur Robin lui-même, qui apprend cette vérité, dans un Mémoire rédigé par lui, et imprimé en 1787, sous le titre de Mémoire à Consulter, pour le sieur de Boullon Morange, qu'il fait parler ainsi, pages 31 et 32: «..... L'état des procès de la con-
» cession, leur envoi en la grande direction des finances,
» les fortes attaques données aux principes dans les Mé-
» moires imprimés très-considérables, pour les habitans
» de Cléville, relativement au marais de leur paroisse,
» paraissant exiger un travail consommé sur ces principes,
» je regardai comme indispensable d'en charger *Me Robin*,
» avocat au parlement, qui venait de traiter avec succès
» des affaires semblables, pour monseigneur le Comte
» d'Artois. Il fit, au nom de MM. Polignac et d'Aspect, un
» Mémoire à Consulter et une Consultation, qui ont été
» généralement regardés comme le véritable code de la
» matière, et qui, ayant enfin déterminé l'opinion des
» magistrats du Conseil, ont valu à la succession le gain du
» procès, relatif à ce marais de Cléville. *Or, c'est moi*
» *seul qui ai fait tous les frais de ce grand ouvrage ; j'ai*
» *payé, et les honoraires de l'avocat, et le coût de l'im-*

» *pression ; c'est de moi seul aussi, que le même avocat a
» reçu d'autres honoraires, pour différens autres Mémoi-
» res et travaux de concession.* »

Voilà certainement bien la quittance du sieur Robin, de sa prétendue créance de 70,000 liv. sur le sieur de Boullon Morange. On remarque dans cette quittance, que le sieur Robin a fait de sa personne un éloge en termes aussi pompeux et aussi brillans, que celui qu'il en a fait insérer au testament.

Septième observation. Le testateur ne pouvait pas dire que le sieur Robin était *le principe* des différentes libéralités qu'il faisait à ses amis et autres ; puisque toutes les concessions faites au sieur de Boullon Morange, par Louis XV, à la sollicitation de monseigneur le Dauphin, remontent à 1761 ; et qu'il n'a connu le sieur Robin, que vers la fin de 1778 environ : vérité qu'apprend le sieur Robin dans le Mémoire à consulter dont on a parlé dans l'article précédent.

Huitième observation. Le sieur Robin, devenu entièrement le maître de la succession opulente du sieur de Boullon Morange, et par la contexture étudiée de son testament, et par son intelligence avec la chambre du Domaine, se hâta tout aussitôt de contester ouvertement *per fas et nefas*, tous les legs. Il ne fit même pas grace aux legs faits à Montbrun, valet-de-chambre du testateur, (de la garde-robe et de 1,500 liv. de rente viagère). Il plaida à outrance contre ce pauvre malheureux : celui-ci, forcé d'en venir à une transaction le 14 messidor an 5, n'en fut pas payé davantage : ce fidèle serviteur en mourut de chagrin. Et aujourd'hui même, la veuve Robin et le sieur Robin, fils, contestent aux héritiers de Montbrun, les titres des legs de ce serviteur.

Neuvième observation. Le legs de 50,000 liv. donné à des gens inconnus du testateur, et tous les autres legs de cette énorme espèce, sans aucune cause réelle, également à d'autres personnages non moins inconnus du testateur, ne peuvent être regardés que comme des legs purement chimériques dans l'exécution, et uniquement pour seconder les vues usurpatrices du sieur Robin. Aussi, on défie d'en rapporter aucune preuve sérieuse de délivrance. Au reste, le sieur Robin assure dans sa lettre au sieur Canalès-Oglou, qu'il a bien su les forcer (ce que l'on n'a nulle peine à croire!) à recevoir la loi qu'il lui a plu de leur imposer : cette lettre, du 20 nivôse an 9, jointe aux pièces, nous apprend les détours qu'il a mis en jeu pour y parvenir.

Dixième observation. Le legs de 80,000 liv. fait au sieur Perron, notaire, et le legs de 20,000 liv. à la fille aînée de ce notaire, dont on tait l'âge, sont, l'un et l'autre, deux legs de convenance entre le sieur Perron et le sieur Robin ; car le sieur de Boullon Morange avait toujours largement payé ce notaire, et il ne lui était rien dû, lors de l'inventaire. Au contraire, le sieur Perron était redevable à la succession de deux cent mille livres, argent déposé chez lui, et dont il payait annuellement la rente.

Aussi, le sieur Robin prend-il le plus grand soin de prévenir le sieur Canalès-Oglou, par sa lettre du 20 nivôse an 9, qu'il a traité avec le sieur Perron.

Cette lettre est trop importante pour n'être pas rapportée ici littéralement; d'autant plus que, décelant parfaitement toute la perfidie et les craintes du sieur Robin, elle devient le complément des causes rescindantes du prétendu testament qui lui a servi d'une place-forte d'armes pour envahir le bien d'autrui, au préjudice même du Domaine.

« A Paris, ce 20 nivôse an 9.

» Citoyen Oglou,

» Vous m'avez demandé des renseignemens sur les affai-
» res de la succession Boullon MorangeS, dans laquelle
» le citoyen Paris, ci-devant père Sixte, se trouve inté-
» ressé pour un legs de 200 liv. de rente ou pension via-
» gère. Les voici :

» Feu Boullon MorangeS était né en Turquie : desirant
» se convertir à la religion chrétienne, il fut emmené en

» France, à l'âge de 14 à 15 ans, et placé au couvent des
» Capucins de la rue Saint-Honoré.

» Il n'était pas encore majeur, que ses tuteurs et protec-
» teurs pensèrent à lui former un établissement important;
» et ils obtinrent pour lui, en 1761, une concession du Roi
» de terreins vagues et marais d'une étendue considérable
» dans la Basse-Normandie.

» Mais cette concession n'avait encore entraîné que des
» dépenses immenses et des travaux infinis pour des opé-
» rations préliminaires et d'innombrables procès; lorsqu'en
» 1778, par deux actes devant notaires, du même jour,
» 15 juillet, Boullon Moranges traita de sa concession avec
» une branche de la maison Polignac.

» Il lui fut payé comptant 200,000 livres qui furent
» remises au citoyen Perron, notaire à Paris, lequel s'en
» trouvait créancier, comme ayant constamment fourni, et
» aux dépenses de la concession, et à celles personnelles de
» Boullon Moranges.

» On s'obligea à payer à ce dernier 430,000 livres à dif-
» férentes époques, avec intérêts. Et de plus, Boullon
» Moranges déclara se réserver moitié dans la concession
» par l'un des deux actes, qui n'était pas ostensible.

» Les Polignac ont depuis abusé de l'autre acte, qui

» paraissait leur avoir transmis toute la concession ; ils la
» rétrocédèrent en entier au Roi, en 1784 ; il leur fut alors
» payé par le Roi, 400,000 livres de premières indemnités,
» et en 1785 ou 1786, ils en touchèrent encore pour
» 750,000 livres en contrats de rente, à quatre pour cent
» de l'édit de 1770.

» Les paiemens leur furent faits, sans s'arrêter aux op-
» positions et réclamations de Boullon Morange, qui ré-
» clamait 1°. les 430,000 livres, avec intérêts stipulés par
» le traité de 1778 ; 2°. la moitié des indemnités, comme
» représentant la concession dont il s'était réservé moitié.

» Un grand procès s'éleva au Conseil du Roi sur ses
» réclamations ; et le tourment de ne le pas voir finir, le
» tourment du crédit des Polignac, dont le malheureux
» Boullon Morange se sentait écrasé, abrégèrent ses jours.
» Il mourut en juillet 1788, âgé seulement d'environ 45
» ou 46 ans.

» Il avait fait avant son décès un testament devant
» notaires ; sa reconnaissance et sa générosité s'y manifes-
» tèrent en faveur de beaucoup de légataires de sommes ou
» pensions considérables ; le père Sixte y fut compris pour
» 200 livres de pension viagère. *Le testateur y fixa la*
» *somme dont il se reconnaissait mon débiteur pour beau-*
» *coup d'avances et de travaux immenses que j'avais*
» *faits pour lui pendant sept à huit ans, en lui sacrifiant*

» entièrement quantité de grandes affaires et clientelles de
» mon cabinet ; et enfin, il crut m'attacher au succès des
» affaires qu'il laissait en mourant, et au sort de ses créan-
» ciers et légataires particuliers, en me déclarant son léga-
» taire-universel.

» Inventaire fait après son décès, il se trouva que la
» succession ne consistait qu'en un faible mobilier (il de-
» meurait toujours au couvent des Capucins de la rue St.-
» Honoré, dans un fort petit logement), en quelques pe-
» tites créances de nulle valeur, sur quelques personnes
» insolvables qu'il avait obligées, et dans ses créances et
» droits, ceux-ci fort considérables, qui étaient l'objet de
» son grand procès contre les Polignac.

» Le succès, avant la révolution, en était plus que dou-
» teux, parce qu'il était balancé par le beaucoup trop
» grand crédit des adversaires.

» Depuis la révolution, les procès du Conseil furent
» renvoyés au Tribunal du premier arrondissement de
» Paris. J'y plaidai l'affaire Boullon Moranges, et l'y gagnai
» en 1793.

» Une veuve d'Aspect, fille Polignac, se rendit appe-
» lante ; j'appelai aussi vis-à-vis des enfans mineurs, vis-
» à-vis desquels j'avais succombé sur une partie importante
» de la contestation. Nous transigeâmes depuis sur les ap-

» pels respectifs; et j'obtins en résultat pour 150,000 liv.
» de capitaux de rente. Ce fut le premier recouvrement de
» la succession; mais il s'est trouvé dû par la nation, et a
» été converti en inscription au grand-livre.

» A-peu-près, à la même époque, on mit en vente,
» par lots séparés, au district de Sens, une petite terre de
» Polignac (père de la veuve d'Aspect) qui avait émigré
» dès 1789. Les créances de la succession Boullon Moranges
» contre lui, absorbaient, et six fois au-delà, la valeur
» de toute la terre. Je fis acquérir par un fondé de pou-
» voir tout ce qui fut mis en vente, et je fournis caution-
» nement à raison des créances non encore liquidées, que
» j'annonçai vouloir donner en paiement.

» Depuis, j'ai poursuivi successivement au district de
» Sens et au département de l'Yonne, à Auxerre, la liqui-
» dation de ces créances contre l'émigré Guillaume-
» Alexandre Polignac; lesquelles créances portaient sur le
» traité de 1778, et sur le jugement de condamnation que
» j'avais obtenu en 1793.

» Ces créances furent reconnues et liquidées par un pre-
» mier arrêté de l'administration départementale, du 4
» fructidor an 3; et cet arrêté déclara compenser sur leur
» montant, le prix des différentes parties de la terre près
» Sens, qui m'avaient été adjugées.

» Le Ministre des Finances ne voulut pas passer cette
» compensation; il écrivit à l'administration une longue
» lettre qui me présenta de nouveaux et longs embarras.
» Alors, pour en trancher le nœud et arriver plutôt à la
» fin de l'affaire, je pris le parti de payer de mes propres
» fonds (ou de ceux que j'empruntai), le montant total de
» mes adjudications. Les objets acquis me devinrent ainsi
» personnels et étrangers à la succession Boullon Morange,
» et aux créances qui en dépendaient.

» Ma quittance totale à la main, je me présentai de nou-
» veau à l'administration d'Auxerre; qui, n'ayant plus à
» s'occuper de compensation, prit, le 15 frimaire an 4, un
» nouvel arrêté de liquidation, pour la totalité des créances
» sans aucune compensation, et me délivra des ordon-
» nances ou bordereaux de liquidation, jusques à concur-
» rence de cinq cents et tant de mille livres.

» Ça été le second et le plus important recouvrement de
» la succession. Malheureusement, les nouveaux capitaux
» ont dus être et ont été convertis, comme ceux prove-
» nans de l'arrangement avec les d'Aspect, en inscriptions
» au grand livre de la dette publique.

» Ainsi tous les recouvremens se sont fondus là, et ils
» ont subi la très-énorme dépréciation des inscriptions,
» dont, en outre, le remboursement a été exécuté pour
» les deux tiers ou papiers de valeur presque nulle.

» Cependant, il fallait faire face avec cela à des créances

» numéraires très-considérables. Il était dû au citoyen Per-
» ron, notaire, plus de 200,000 livres pour la continua-
» tion de ses avances à Boullon Moranges, et dans ses
» affaires depuis 1778 jusqu'en 1788, époque du décès de
» ce dernier. J'avais droit de réclamer également en numé-
» raire les 70,000 liv., dont il s'était rendu mon débiteur;
» plus, tous les frais faits depuis son décès; plus, toutes les
» dépenses de mes voyages sans fin pour les affaires de la
» succession ; plus, mes indemnités; etc.... Il fallait enfin
» acquitter beaucoup d'autres dettes de la succession, de
» même exigibles en numéraire.

» *Mais d'un côté, je traitai avec le citoyen Perron;* d'un
» autre côté, je n'ai point tenu à répéter en numéraire tout
» ce qui m'était dû; et, par ce moyen, je me suis trouvé
» en état d'offrir aux légataires de les payer en capitaux
» d'inscriptions, pour ceux qui n'étaient légataires que de
» rentes viagères ou pensions. *Tous ont accepté, et le père*
» *Sixte lui-même;* s'ils ne l'avaient pas fait, et que j'eusse
» voulu faire valoir mes droits en numéraire, mes propres
» créances et celles que j'ai acquittées, je leur aurais démontré
» que la totalité des inscriptions, qui se trouvaient faire le
» fonds de la succession, n'y aurait pas suffi, à beaucoup
» près; qu'ainsi il ne serait rien resté pour les légataires.

» Salut et fraternité ; *L. ROBIN.* »

Telle est la lettre étudiée et en vrai style de sans-culottes,
que le sieur Robin, jadis bas valet des Grands, crut

devoir écrire au sieur Canales-Oglou pour lui en imposer et tacher de détourner son attention du compte de la succession du sieur de Boullon Morange, que ne peuvent aujourd'hui se dispenser de rendre la dame veuve Robin et le sieur Robin, fils.

On a déjà remarqué que la lettre *S* employée par le sieur Robin, à la fin du nom du sieur de Boullon Morange, n'est point du tout à la signature de celui-ci au bas de ses lettres.

Il est facile de voir, par les détails et les explications de cette lettre, que le sieur Robin reconnoît les droits successifs du sieur Canalès-Oglou.

En vain, prend-il toutes les précautions oratoires pour lui faire entendre de combien peu d'importance est la riche succession du sieur de Boullon Morange! La vérité perce à travers tous les nuages dont il cherche à l'envelopper, soit en épaississant le passif, soit en diminuant l'actif.

L'inventaire fait voir qu'il n'y a que de l'actif, et un excellent actif.

En vain encore, le sieur Robin a-t-il recours à des mensonges, pour tâcher de persuader que les 70,000 liv. qui lui avaient été léguées, étaient pour des honoraires à lui dus. Malheureusement pour lui, on trouve dans l'inventaire trois billets qui montrent que lui sieur Robin a emprunté, à trois diverses fois, 600 liv., notamment 600 liv. du valet-de-chambre! Or, qui croirait jamais qu'il lui fût dû 70,000 l., quand il empruntait des sommes aussi modiques, sur-tout, auprès d'un domestique? emprunte-t-on à qui on doit? s'il lui eût été dû des honoraires, serait-il jamais présumable qu'il les eût laissés monter jusqu'à 70,000 liv., sans les répéter? le sieur Robin ne dit-il pas lui même dans un mémoire, imprimé en 1787, pages 31 et 32, qu'il a reçu tous les honoraires, à lui dus pour le procès de la succession, ainsi que pour les honoraires en différens autres procès?

En deux mots : toute cette lettre est un tissu de mensonges, de perfidies et de craintes : dignes remords, au reste, d'un homme qui a supposé un testament pour frustrer un légitime héritier, et qui, par une autre supercherie, a encore osé tromper le Domaine en fabricant des jugemens !

Avant de finir ce paragraphe, on observera que le sieur de Boullon Morange n'était pas dans le cas de révoquer aucun de ses testamens ou codiciles : il n'en a jamais fait, ni dicté, ni nommé aucun.

PARAGRAPHE DEUXIÈME.

Le testament du sieur DE BOULLON MORANGE *est rescindé par le droit.*

ON a rapporté dans les principes préliminaires de cette question, que l'article 272 de la Coutume de Paris dit que

« toutes personnes, saines d'entendement, âgées et usans
» de leurs droits, peuvent disposer par testament et ordon-
» nances de dernière volonté, au profit de personnes
» *capables*.... »

Ce grand principe posé, *de personnes capables :* il faut examiner maintenant si le sieur Robin, était *capable* de recevoir un legs universel de plus de deux millions.

Il est prouvé lumineusement par toutes les pièces jointes au procès, notamment par deux volumineux mémoires, imprimés, l'un en 1781, et l'autre en 1787, tous les deux signés par le sieur Robin, comme avocat et conseil du sieur de Boullon Morange; de même que par la lettre du sieur Robin, du 20 nivose an 9, que lui sieur Robin était, non-seulement, l'avocat et le conseil dudit sieur de Boullon Morange, mais encore, son intendant, son agent, son *negotiorum gestor.*

Il est de plus encore prouvé, qu'à l'instant du décès du sieur de Boullon Morange, il existait un procès considérable, dont le fruit a été légué au sieur Robin.

D'où il résulte la conséquence qu'il faut lui faire l'application des lois qui frappent d'incapacité, pour recevoir des legs, les médecins, chirurgiens, enfin, tous ceux qui, par état, exercent un tel empire sur l'esprit d'un mourant, qu'il est facile de présumer que leur propre volonté a été substituée à la volonté du testateur.

Le principe de cette loi est que le testament contienne l'expression toute entière de la volonté du testateur, sans être inspirée par aucun intérêt étranger.

Le législateur a voulu par là s'opposer à la cupidité de ceux qui pourraient exercer un empire trop absolu sur la volonté d'un mourant. Ainsi, comme il lui a semblé facile que les médecins, par l'utilité dont ils peuvent paraître aux yeux d'un malade; que les prêtres, par l'empire que leur profession leur donne sur l'esprit d'un mourant, ne parvinssent à se rendre maîtres de toutes ses affections et de toutes ses volontés; il a jugé nécessaire de les rendre incapables de recevoir des legs par testament.

Ce serait une erreur de penser que, parce que les ordonnances n'ont parlé que des médecins et chirurgiens, il fût indispensable de restreindre la prohibition de la loi à ces seules professions : cette prohibition s'étend à tous ceux qui, de quelque profession que ce soit, abusent de l'ascendant qu'ils ont sur l'esprit d'un testateur, pour se faire faire des dispositions à leur profit.

Aussi, est-ce ainsi qu'il faut entendre l'article 276 de la Coutume de Paris, qui porte : « Les mineurs et autres per-
» sonnes, étant en puissance d'autrui, ne peuvent donner

» ou tester, directement ou indirectement, au profit de
» leurs tuteurs ou curateurs, pédagogues, ou autres admi-
» nistrateurs, ou aux enfans desdits administrateurs, pen-
» dant le tems de leur administration, et jusqu'à ce qu'ils
» aient rendu compte. Peuvent toutefois disposer au profit
» de leur père.... »

Cet article de la Coutume ne restreint donc pas sa disposition seulement aux mineurs, mais à toutes personnes qui, étant dans la puissance d'autrui, ne peuvent donner aux administrateurs ni aux fils des administrateurs.

Par le mot *administrateur*, la loi entend tous ceux qui gèrent et administrent les affaires du testateur; en telle sorte, qu'au moment de son décès, il se trouvait vis-à-vis de cet administrateur, dans une telle dépendance, qu'il ne pouvait avoir d'autre volonté que la sienne.

C'est par cette raison que tous les auteurs, notamment *Ricard*, expliquant cet article 276 de la Coutume de Paris, veulent que l'on distingue ceux, qui, par leur genre d'administration, exercent une espèce d'autorité et d'empire sur la personne et sur les affaires du testateur : ce qui n'existe pas, dit-il, à l'égard des intendans des grandes maisons, qui, ne faisant que ce qui plaît à leurs maîtres, n'agissent que par leurs ordres, et peuvent, du jour au lendemain, être dépossédés. Enfin, cet auteur pense qu'il ne peut être question dans l'espèce de l'ordonnance, que de ceux qui, comme le dit *Dumoulin*, gèrent les affaires, et exercent, dans la partie qu'ils administrent, la plus grande autorité ; *qui ge- runt, administrant et jubent.*

C'est donc l'idée qu'a eu en vue le législateur, en frappant d'incapacité les médecins, chirurgiens, etc. Or, il en faut dire de même de toute autre profession, quelle qu'elle soit, notamment de l'avocat, quand on aperçoit qu'il existe un procès considérable que l'avocat suit, gère et administre, et qu'il s'est fait léguer par le testateur tout ce qui devait dépendre de l'évènement de la contestation qui était en ses mains.

Ce principe est tellement celui de la loi et de toutes les ordonnances, que, dans l'instant où *Ricard* excepte *les intendans des grandes maisons*, il y ajoute cette restriction : « Pour que la donation ou le legs fait à un intendant fût dé-
» claré valable, il faudrait qu'il ne se fût pas servi de sa
» qualité pour l'exiger ; comme il arrive souvent, (ajoute-
» t-il) *que ceux qui sont dans les emplois, se rendent, par
» des voies indirectes, maîtres des biens des seigneurs
» qu'ils servent, ou s'emparent des titres de leurs mai-
» sons, ou autrement; de sorte qu'ils changent leur dé-
» pendance en une espèce de gouvernement nécessaire.* »

Cette réflexion de *Ricard* définit et explique parfaitement le principe. En effet, si l'avocat, ayant en ses mains toutes les pièces du procès, maître et possesseur de tous les titres, se fait faire un legs universel de tout ce qui peut advenir par le résultat du procès qui est en ses mains ; il en résulte évidemment la conséquence, qu'il l'a, par le fait même, tenu dans sa dépendance, et qu'il est soupçonné, avec raison, avoir violenté sa volonté.

Aussi, dans l'ancienne jurisprudence, la question de savoir si les avocats étaient capables de recevoir, par des dispositions testamentaires, des legs de leurs clients : la plupart des auteurs se sont restreints à dire que les avocats, procureurs et solliciteurs d'affaires, étaient incapables de recevoir des libéralités de leurs clients, pendant qu'ils avaient leurs procès entre leurs mains ; et que la loi devait s'étendre jusqu'à eux.

Plusieurs cours souveraines ne jugeaient pas autrement, et déclaraient nulles toutes ces dispositions. Il est néanmoins vrai de dire que, dans le Parlement de Paris, beaucoup d'arrêts ont rendu valables des legs faits au profit d'avocats ; mais cette jurisprudence, différente de celle suivie dans les autres cours, ne peut sans doute faire aucune impression ; car, il sera toujours question d'examiner si, dans la cause actuelle, il n'y a pas de preuves suffisantes pour établir et prouver que la volonté du testateur était dominée par les suggestions et captations du sieur Robin, avocat ; et, s'il existait des raisons tellement déterminantes qui donnassent à penser qu'il s'était rendu maître de la volonté du testateur, alors son testament devient nul.

Dans le nombre des arrêts du Parlement de Paris qui ont déclaré nulles des dispositions testamentaires au profit des avocats, Ricard en cite un qui indique et met en évidence les principes que l'on invoque.

Voici comme cet arrêt est rapporté par Ricard : « Il est » vrai, dit-il, qu'il y a eu un arrêt rendu à l'audience de la » grand' chambre, le lundi 5 mars 1653, par lequel le legs fait » par une femme, en faveur de madame Renaud-Lambert, » épouse du sieur de la Motte, avocat en la cour, de 1200 liv. » d'une part, et de 500 liv. d'une autre, a été réduit à celle de » 200 l., à quoi son honoraire a été estimé. Mais cet arrêt » fut rendu dans des circonstances particulières, et sur ce » que M. l'avocat-général y observa que le legs avait été » fait dans le cours d'une instance qui existait en séparation » de biens et d'habitation contre son mari. »

Il résulte donc de toute cette discussion, relativement aux legs faits au profit d'avocats, qu'il y avait diversité dans la jurisprudence. Mais toutes les cours souveraines de France déclaraient nuls tous les legs faits au profit d'avocats, quand ils étaient faits dans le cours d'un procès dont était chargé l'avocat. Le Parlement de Paris, lui-même, le jugeait ainsi, quand les circonstances prouvaient que le testateur n'était pas censé avoir joui de toute la liberté qui est nécessaire pour faire un acte de dernière volonté.

Il faut donc, comme le dit *Lacombe*, au mot *incapacité*,

rassembler toutes les circonstances qui ont pu dicter de telles dispositions, pour juger de leur validité, et sur-tout rapprocher l'époque du testament, de celle où le testateur est décédé.

Or, c'est d'après ces idées, c'est d'après ces principes, qu'il faut examiner les dispositions universelles et particulières faites au profit du sieur Robin.

Il est d'abord constant qu'à l'époque où le testament a été fait, il existait un procès de la plus haute importance, entre le testateur et les sieurs Polignac et d'Aspect, relativement à la concession de vingt-quatre mille arpens de terres, qui lui avait été faite par arrêt du conseil de Louis XV, intervenu en 1761. Ce procès était pendant au conseil du Roi, et il ne s'agissait rien moins que de faire révoquer un autre arrêt rendu *de proprio motu regis*, en faveur des sieurs Polignac et d'Aspect, qui privait le sieur de Boullon Morange de la moitié qui lui appartenait dans ces vingt-quatre mille arpens de terres. *Or, c'était le sieur Léonard Robin* qui, dans *cette affaire*, était *son défenseur et son négociateur*.

Cette affaire, commencée en 1784, était en pleine activité à l'époque du décès du testateur. Le sieur Robin avait donc, à l'instant de la mort du sieur de Boullon Morange, tous les papiers et tous les titres de ce procès. On conçoit que le testateur, dont la fortune était immense, puisqu'elle s'élevait à plus de deux millions, n'ayant ni teinture des lois, ni expérience des affaires, ne connaissant que très-légèrement les difficultés de son procès et les questions qu'il s'agissait de traiter, et étant très-inepte en cette partie, comme le sont ordinairement tous les gens opulens, ne se mêlait qu'avec dégoût ou insouciance de toutes les discussions judiciaires.

C'était donc le sieur Robin qui, maître de l'affaire, disposait arbitrairement de tous les titres qui assuraient ses droits et qui fondaient ses répétitions. Dès-lors, en conservant tous les titres et les pièces de ce procès, le sieur Robin était le maître absolu de la majeure partie de la fortune du sieur de Boullon Morange ; puisqu'on voit qu'après le décès du sieur de Boullon Morange, le sieur Robin et l'exécuteur-testamentaire du sieur de Boullon Morange obtinrent un jugement contre l'agent du Trésor public (M. Turpin), par lequel celui-ci fut condamné à payer une somme d'environ huit cent trente mille livres, à l'acquit des sieurs Polignac et d'Aspect : ce qui a été exécuté.

Or, ce fait ainsi constaté, il est donc clair qu'à l'instant du testament du sieur de Boullon Morange, ce dernier avait à soutenir un très-grand procès contre des gens alors en crédit : procès qui n'a été terminé que depuis son décès ; et que dès-lors la circonstance grave, indiquée par les principes que l'on a développés plus haut, existait ; c'est-à-dire, que le legs universel et le legs particulier ont été faits au sieur Robin pendant le cours d'un procès, dont lui sieur Robin était spécialement chargé.

Cette vérité est consignée dans le testament même qui contient des dispositions qu'il importe de rapporter ici, quoique déjà rapportées dans les paragraphes précédens.

« Quant au surplus de mes biens et de mes droits et pré-
» tentions, tant dans la concession qui m'a été faite par sa
» Majesté, suivant l'arrêt du conseil du 24 septembre 1761,
» et dans les suites de ladite concession, que vis-à-vis et
» contre les seigneurs, (ces derniers, comtes et comtesse de
» Polignac et d'Aspect et leurs enfans); le tout résultant de
» deux actes passés entre nous, devant notaires, à Paris, le
» même jour, 13 juillet 1778; ainsi que tout ce qui sera dû à
» ma succession pour les avances et déboursés que j'ai faits
» pour lesdits Polignac et d'Aspect et leurs enfans, depuis
» la passation dudit acte; je le donne et lègue à M. Léonard
» Robin, avocat au Parlement, mon défenseur et mon ami,
» que je fais et institue pour mon légataire-universel, par
» la reconnaissance, l'estime et l'amitié que m'ont inspiré
» ses services continuels depuis l'année 1781; la manière
» confiante dont il a toujours usé vis-à-vis de moi, le zèle
» et l'affection qu'il m'a toujours montrés, et *parce que je*
» *le regarde comme le principe et le soutien des différentes*
» *libéralités que je suis en état de faire en faveur de mes*
» *amis ou autres.* »

Il est donc impossible de douter, d'après cette disposition, que le procès subsistait à l'instant du décès du sieur de Bouillon Morange. Le testateur n'institue son légataire universel le sieur Robin, que *parce qu'il l'a toujours servi dans ses affaires depuis 1781, et que parce qu'il est le principe et le soutien des différentes libéralités qu'il est en état de faire* : expressions infiniment précieuses à recueillir, parce qu'elles prouvent que le testateur n'avait rien voulu, n'avait rien dicté que par l'influence qu'exerçait sur son esprit le sieur Robin.

Cette influence se manifeste encore bien davantage par les expressions suivantes : « Comme je ne desire pas seule-
» ment lui donner des marques d'estime, de reconnais-
» sance et d'amitié, mais aussi m'acquitter envers lui des
» justes honoraires et dédommagemens que je lui dois pour
» les travaux considérables qu'il a faits, les démarches,
» voyages, déplacemens et pertes de tems, ensemble les
» peines et soins continuels auxquels il n'a cessé de se livrer
» depuis 1781, dans les affaires de ma concession, et dans
» les négociations du traité conclu avec M. le Comte d'Ar-
» tois, et dans ma réclamation auprès du ministre, sur la
» révocation de ma concession, et sur les indemnités accor-
» dées par suite de cette révocation, mon intention est que
» le legs universel que je viens de lui faire, lui profite
» jusqu'à concurrence de 70,000 livres.

Abstraction faite que des expressions aussi bien cousues,

en termes techniques, ne peuvent jamais être sorties de la bouche d'un moribond, qui de sa vie n'a étudié ni le droit, ni la pratique ; ne sont-elles pas encore une preuve manifeste de l'influence du sieur Robin sur l'esprit du testateur, ou, pour mieux dire, que c'est lui-même qui, renfermé dans la chambre du moribond, avec les deux notaires, les lui a dictées, non-seulement comme son avocat et son défenseur, mais encore comme un homme qui, en s'introduisant dans ses affaires, était parvenu, par les genres de services qu'il lui avait rendus, à se rendre maître de toute sa fortune et de toutes ses volontés ?

D'où il suit que le sieur Robin, étant le maître des titres dont dépendait la fortune du sieur de Boullon Morange, il se trouve précisément dans la position de l'intendant dont parle Ricard ; que, dès-lors, on doit lui faire l'application des principes pour les médecins, chirurgiens ; et qu'il faut également lui appliquer ce que dit De Ferriere sur l'article 276 de la Coutume de Paris : « Les avocats, procu-
» reurs et solliciteurs d'affaires ne peuvent recevoir aucune
» donation entre-vifs de ceux dont ils font actuellement les
» affaires ; étant à présumer que de telles donations auraient
» été extorquées sous des promesses de leur procurer le
» gain de leur procès. »

On dit donc, avec toute assurance, que le testament du sieur de Boullon Morange, déjà rescindé par le fait, est aussi rescindé par le droit ; et qu'à toutes ces causes rescindantes et rescisoires, il s'en réunit une autre particulière, déduite du défaut d'insinuation; car il n'est pas naturel de présumer que ce testament ait jamais été insinué à trois époques différentes, comme on l'a déjà remarqué : *qui prouve trop, ne prouve rien,* dit un axiôme de droit.

***

Preuves subsidiaires de la suggestion et de la supposition du Testament du sieur DE BOULLON MORANGE.

Deux vénérables vieillards, âgés de plus de quatre-vingts ans, attendant en paix l'heure du Seigneur, dans l'hospice du Petit-Mont-Rouge près Paris, jadis capucins de la maison conventuelle de la rue saint-Honoré, ont fait prier, tout récemment, le sieur Canalès-Oglou de se rendre à leur hospice, pour lui remettre le certificat suivant :

« Nous, soussignés, Jean Paris, de l'ordre des Capucins
» de la rue Saint-Honoré, à Paris, sous le nom de religion,
» appelé père Sixte;

» Et Simon Bricardey, dit frère Sébastien, de la même
» maison et observance ;

» Voulant rendre hommage à la vérité, sans nulle im-

» pulsion, ni par aucun motif d'intérêt, mais seulement
» par devoir que nous imposent la justice et la vérité ; dé-
» clarons, devant Dieu et les hommes, que nous avons
» connu très-particulièrement feu M. de Boullon Morange,
» qui a toujours résidé dans notre maison jusqu'à son
» décès :

» Que nous avons une très-parfaite connaissance qu'étant
» malade, l'un de nous, frère Sébastien, lui procura une
» garde-malade, connaissant son état et le servant avec
» attention; mais que, ledit sieur de Boullon Morange étant
» retombé dans un état très-dangereux, M. Léonard Ro-
» bin, qui régissait ses affaires, congédia cette garde-ma-
» lade, et lui en procura une autre de sa connaissance.

» Nous certifions aussi que, la veille de la mort du sieur
» de Boullon Morange, c'est-à-dire, le vingt-huit juillet
» mil sept cent quatre-vingt-huit, M. Léonard Robin m'en-
» voya, moi frère Sébastien, vers les onze heures du soir,
» inviter M. L'Homme, notaire, de venir de suite avec
» son confrère, pour rédiger l'acte de dernière volonté du
» moribond M. de Boullon Morange.

» Ces deux notaires arrivèrent entre onze heures et mi-
» nuit, accompagnés de M. Léonard Robin, qui, impatienté
» de leur retard, avait été au-devant de ces notaires. Aussi-
» tôt entrés dans la chambre du moribond, M. Léonard
» Robin congédia sa garde-malade et son domestique, dont

» les services lui étaient très-nécessaires. M. Robin resta
» avec les notaires auprès du lit de M. de Boullon Morange
» presqu'expirant. A une heure et quart, les notaires sor-
» tirent avec le sieur Robin, et, quelques heures après,
» M. de Boullon Morange passa de ce monde dans l'autre.

» Tout ce contenu est l'expression de la très-exacte vé-
» rité, que nous sommes prêts à affirmer par-tout où be-
» soin sera.

» En foi de quoi nous avons signé. Fait en notre maison
» de retraite du Petit-Mont-Rouge près Paris, le vingt-cinq
» juin mil huit cent-six.

> » *Signé, frère* Sixte, *de Vesoul, prêtre capucin*
> » *de la société Hébraïque.*
>
> » Simon Bricardey. ».

Ce certificat, expression naïve de la vérité, n'a sans doute pas besoin de commentaire, pour se convaincre qu'il a été impossible au sieur de Boullon Morange, expirant, de faire, dicter et nommer, en moins d'une heure, son testament, de la longueur, de la manière et du style que les notaires le présentent (quoique ceux-ci assurent que le tout est de la bouche du moribond); et que ce chef-d'œuvre d'iniquité est l'ouvrage du sieur Léonard Robin et des deux notaires, ses complices : au reste, il ne faut que lire ce testament pour en être persuadé.

Il y a tout lieu de présumer que la femme Robin, servante-domestique de ce faiseur d'affaires, a remplacé la respectable garde-malade que le frère Sébastien avait procurée au sieur de Boüllon Morange, laquelle le sieur Robin a chassée, d'autorité privée, d'auprès de ce moribond. Mais on n'en dira pas davantage sur cette étrange mort, qui, de tous côtés, ne présente que de sinistres conjectures !

On remarquera seulement qu'un de ces vénérables religieux, (le frère Bricardey), est celui-là même qui a déjà fait une déposition de ce genre devant le sieur Pinatel, juge-de-paix du huitième arrondissement de Paris, le 8 ventôse an 10, de laquelle on a parlé dans le cours de ce Mémoire ; et qu'il n'a réitéré cette déclaration que par suite de sa conscience timorée. Le père Sixte, jadis professeur en Langue hébraïque, est une lampe qui s'éteint.

PÉRORAISON.

SIRE,

JAMAIS affaire ne s'est peut-être présentée aux regards pénétrans de la justice, avec des singularités aussi merveilleuses et une complication de crimes aussi rafinée, que celles qui se rencontrent dans l'affaire du sieur Canalès-Oglou.

Deux illustres étrangers (le sieur Canalès-Oglou et le sieur de Boullon Morange), ayant reçu le jour dans des régions lointaines, dont la religion et les mœurs sont totalement disparates de celles de notre Continent ; tous deux petits-fils du fameux prophète Mahomet ; tous deux, par la seule prérogative de leur caste, assurés de couler des jours sereins et tranquilles dans le sein de l'opulence et des honneurs ; tous deux, d'une même famille, eurent tous deux une même destinée !

Tous deux, à l'âge de quinze ans, sans s'être communiqué l'un à l'autre, conçurent et exécutèrent le projet de quitter pour jamais la maison paternelle, et de renoncer à tous les droits de leur haute naissance ! Et pourquoi un abandon si généreux ?...... ô profondeur inéfable de la sagesse incréée ! — Uniquement ! oui, uniquement, pour embrasser le christianisme ! *O altitudo !* quel vaste champ pour un orateur chrétien !

Tous deux passèrent en France (mais chacun, à une époque différente), sous la direction et par les soins de M. de Peyssonnel, consul-général de France à Smyrne, qui les confia à des missionnaires Capucins !

Tous deux abjurèrent la religion musulmane, l'un en Espagne, l'autre en France !

Tous deux, protégés par deux puissans Monarques, l'un par la cour d'Espagne, l'autre par la cour de France, jouirent d'une fortune considérable !

Tous deux éprouvèrent les mêmes revers et les mêmes disgraces dans leurs riches possessions de concession royale !

Tous deux eurent à essuyer de grands procès, suscités par l'envie et la jalousie de Personnages puissans !

Tous deux, réunis en France par un de ces coups impénétrables de la divine Providence, se lièrent de la plus étroite amitié, et devinrent tout-à-coup de funestes victimes de la révolution ; à la différence, que l'un périt sourdement, et l'autre reste consterné de la mort de son ami !

Mais le sort de celui qui a survécu tristement à son ami, qui a perdu son consubstantiel, son cher parent, le seul parent qu'il eût à réclamer dans tout l'univers (1), et à qui

―――――――――

(1) Quand on dit seul parent : c'est que les sieurs Canalès-Oglou et de Boullon Morange sont, par le seul fait de leur abjuration de la religion musulmane, exclus à jamais de tout droit de parenté et de retour dans la Turquie, leur patrie : car les peuples de ces contrées sont si jaloux de leur religion, que tous les renégats, ains

encore, pour comble d'infortune, on tente de ravir les tristes débris des déplorables dépouilles de ce cher parent; son sort, dit-on, ne serait-il pas mille fois plus à plaindre, si les lois, répressives du crime, ne s'empressaient de venir à son secours?

Et quels sont ces adversaires qui provoquent froidement sa douleur, et qui ragrandissent une plaie qui ne peut jamais se fermer? — Des héritiers d'un homme dont le seul nom, rappelant sans cesse à cet infortuné ami, le cruel souvenir de la mort funeste de son cher parent, ne saurait plus en être prononcé qu'avec une espèce de frémissement, d'horreur et d'effroi! Des héritiers d'un homme, instruits parfaitement que *cet homme*, pour consommer le plus horrible des forfaits, s'est lui-même, d'autorité privée et contre ses propres aveux et écrits, fait déclarer le créancier de ce cher parent, et s'en est ensuite aussi lui-même institué Légataire universel!

Et ces héritiers, enhardis par le crime de ce légataire universel (si toutefois ils n'y ont pas coopéré), osent publiquement lui opposer un testament fabriqué dans la nuit des ténèbres!

---

que tous ceux qui communiquent avec eux, sont irrémissiblement punis de mort, dont la plus douce est celle de l'empalement, qui fait languir un patient souvent pendant plusieurs jours, suspendu en l'air sur un pal, qui, passant par le fondement, va ordinairement sortir entre les deux épaules, sans endommager les parties nobles.

Un testament, arraché à un moribond, au milieu de la nuit, par une machination concertée entre son homme d'affaires et deux notaires apostés!

Un testament, fait, dicté et nommé par ce triumvirat criminel, long-tems avant d'être réuni dans la chambre du prétendu testateur expirant; dans la bouche duquel ces trois complices ne rougissent pas de mettre un pompeux galimathias emprunté du style ampoulé du livre insipide du *Parfait-Notaire*, que le moribond n'a jamais feuilleté de sa vie !

Un testament, revêtu d'une signature supposée du prétendu testateur, hors d'état de la donner par les efforts convulsifs de son étrange maladie ; étant d'ailleurs constant par des missives mêmes du sieur de Boullon Morange, qu'il ne mettait jamais la lettre *S* à la fin de son nom, telle qu'on la voit sur l'expédition de ce testament !

Un testament, antidaté de quinze jours : fait avéré par des procès-verbaux authentiques et des témoignages respectables de personnages encore vivans, qui attestent de plus, que ce légataire universel s'était enfermé, avec les deux notaires complices, dans la chambre du moribond, à minuit, le jour même qu'il est décédé, à huit heures du matin, après avoir pris la précaution d'en expulser tout le monde, jusqu'à la garde-malade !

Un testament, contenant d'abord des legs pieux, afin de mieux en imposer, mais que l'on a ensuite soin d'éluder par un legs de 70,000 livres, pour une prétendue créance de pareille somme, payable, par préférence, à tous autres legs, au légataire universel, dont les propres aveux et écrits attestent que, loin d'être créancier, il est débiteur!

Un testament, contenant une foule de legs considérables en faveur de gens inconnus, ou au moins indifférens; entr'autres, de cent mille livres à un notaire, dépositaire de deux cent mille livres envers le testateur auquel il en payait la rente, sans qu'il soit même fait aucune mention de ce dépôt!

Un testament, instituant un legs universel de plus de deux millions de francs, en faveur d'un solliciteur de procès, d'un faiseur d'affaires, maître de tous les titres et papiers du testateur, et que la loi, à ce seul titre, rejette impérieusement!

Un testament, dont l'invalidité est reconnue authentiquement par le légataire-universel même, lors d'un jugement provoqué et rendu à sa sollicitation, par la chambre du Domaine (et ce, par une insigne fourberie concertée entre lui et les officiers de la chambre), laquelle, par suite de son jugement précédent, (également machiné), avait déjà déclaré échue et dévolue au Roi, cette riche succession, à titre de déshérence et droit d'aubaine!

Un testament, auquel ses auteurs désignent juridiquement trois époques différentes d'insinuation!

Un testament, enfin, dont la fourbe est plus qu'évidente par toutes les circonstances!

Aussi, ce testament est-il reconnu publiquement illégal par le Domaine, lequel, indigné de la sourde manœuvre des officiers de la chambre du Domaine, déclare expressément que la succession du sieur de Boullon Morange n'appartient qu'au sieur Canalès-Oglou, comme son parent et son seul héritier ; et que les héritiers du prétendu légataire universel ne peuvent se dispenser de lui en faire la restitution avec les fruits.

D'après cela, qui pourrait jamais se persuader que, ce prétendu légataire universel, descendu dans la tombe, déchiré de remords affreux, ses soi-disant héritiers osassent, aujourd'hui contre le cri de leur conscience, entreprendre de se maintenir dans une usurpation aussi criminelle! et que, pour tout appui de leur chimérique prétention, ils eussent le front de soutenir froidement en face de la justice, qu'à eux seuls appartient l'hérédité du sieur de Boullon Morange, dont ils ne sont ni parens, ni amis, et que le sieur Canalès-Oglou, tout en prouvant qu'il est son parent de fait et de droit, ne peut et ne doit néanmoins être considéré, que comme un étranger et un être purement passif!

Une troupe de proxénètes de la dame veuve Robin (du nombre desquels se trouvent un certain *Polle de Cresne*, ex-procureur au Parlement de Paris, et un sieur *Bonnet*, de la tourbe de ces défenseurs mercénaires, toujours voués au premier payant, et dès-lors plus redoutables que les vampires de *Dom-Calmet*, qui ne sucent que les morts dans les tombeaux), réunit les plus grands efforts pour jeter de la défaveur sur le sieur Canalès-Oglou ; tantôt en le représentant comme un homme ignoble et sans aveu ; tantôt, en faisant de sa personne une odieuse comparaison avec le comte de Bonneval, qui, pour des mécontentemens particuliers d'ambition, quitta la France, sa patrie ; embrassant la religion musulmane qu'il savait devoir lui ouvrir la porte aux plus grands emplois dans la cour Ottomane, où, en effet, il devint Bacha et Gouverneur de la Morée, et où son ambition, devenant de plus en plus démesurée, l'exposa plus d'une fois aux honneurs strangulaires (1).

---

(1) Celui qui est jugé digne par le Grand-Seigneur de l'insigne honneur du cordon, en reçoit très-respectueusement le message de la main des muets qui le lui passent au col, et l'aident ensuite à s'étrangler : cette cérémonie s'exécute de la manière du monde la plus respectueuse de part et d'autre. En Chine, on tient à honneur de se faire écraser sous les roues du charriot d'une idole, dont on reçoit d'autant plus d'honneur, que l'idole est plus ou moins monstrueuse ; cela n'est pas plus étonnant que d'avoir vu autrefois des gens se féliciter des honneurs du tabouret et de l'œil-de-bœuf. Le grand Racine est mort de chagrin pour avoir été privé de la distinction de l'œil-de-bœuf. En Perse, c'est le suprême degré de l'honneur pour une femme, quand, après avoir été bien battue par son mari, elle réunit le double bonheur d'avoir un bras ou quelqu'autre membre fracassé : les voisines, jalouses d'un tel excès d'honneur, viennent provoquer tendrement leurs époux de vouloir bien leur en

Mais quelle différence ! Le sieur Canalès-Oglou dit avec assurance, qu'il n'a quitté sa patrie, ainsi que tous les avantages de sa naissance et la religion de ses pères, que parce qu'il fit l'heureuse découverte que la religion chrétienne porte sur son auguste front un caractère divin de révélation transmise sans interruption depuis la chute du premier homme jusqu'à nos jours, et que cette religion sainte possède véritablement les clefs de la vie éternelle.

Les biens qu'il a plû à la divine Providence de lui envoyer dans sa transmigration, ne sont point incompatibles avec les préceptes de l'Evangile : Jesus-Christ ne s'est pas élevé contre les richesses en soi, mais contre leur usage désordonné : lui-même avait un intendant, et il allait manger chez le riche comme chez le pauvre. Abraham, dont l'apôtre relève avec tant d'éclat la grandeur de la foi, ayant quitté la Chaldée, sa patrie, où il était fort riche, pour servir le vrai Dieu ; le Seigneur ne le rendit-il pas encore plus riche dans les contrées étrangères ? Le chrétien riche n'est qu'un sage pourvoyeur du pauvre ; témoin, Saint-Jean-l'Aumônier ; de même que le chrétien soldat n'est qu'un défen-

---

procurer de semblables. (*Jean-Struys, Tavernier, Montesquieu*, etc...) Tout est relatif en ce monde ! excepté la justice qui doit toujours être une et invariable ; de même que doit être un et inné, dans le cœur de tout bon Français, le pur amour pour *Bonaparte*, notre brave Empereur, la résurrection de tant d'honnêtes gens dévoués à la hache révolutionnaire.

seur plus zélé de son prince ; témoin, Saint-Maurice et ses illustres compagnons de la légion Thébéenne, dite fulminante.

SIRE, tels sont en substance les faits des réclamations du sieur Canalès-Oglou, sur lesquelles votre Majesté est très-humblement suppliée de prononcer elle-même.

Rassurez-vous donc, ô illustre Etranger ! vous avez le bonheur d'être le sujet d'un grand Prince, non moins étonnant par sa sagesse, que par sa valeur, et à qui on ne peut jamais en imposer, quand il voit par lui-même. Sa Majesté est intimement convaincue par les faits et par les pièces justificatives dont vous venez avoir l'honneur de lui rendre compte, que vous, Canalès-Oglou, petit-fils de Mahomet, et depuis long-tems naturalisé Français, avez dès-lors un droit inhérent à votre personne de jouir de toutes les prérogatives de citoyen Français ; en conséquence, que, d'après toutes les preuves incontestables que vous rapportez, vous devenez habile à vous dire et à vous porter héritier, de fait et de droit, du sieur de Boullon Morange, votre parent, comme vous aussi, petit-fils de Mahomet : vous devez d'autant plus vous rassurer, que le Domaine, pénétré de la justice de vos réclamations, avoue et vous fait écrire qu'à vous seul appartient la succession du sieur de Boullon Morange, et que les héritiers Robin doivent vous en rendre compte.

Aussi, déjà ces avides héritiers, attérés par ces grandes

vérités et vivement poursuivis par l'ombre fugitive de ce Léonard Robin, ce prétendu légataire universel, leur reprochant sans cesse leur ténacité de vouloir partager l'énormité de son crime, ne trouvent plus de repos nulle part : saisis de frayeur et de crainte, ils mènent une vie errante et vagabonde, sans aucun domicile fixe, sans même être connus dans celui par eux élu juridiquement! des procès-verbaux constatent ce vagabondage! ils vérifient bien à la lettre ce que dit un docte père de l'église, (*Saint-Augustin*) : point de paix, sans restitution! *non remittitur peccatum, nisi restituatur ablatum.*

SIRE : c'est donc avec la plus grande confiance, que Charles-Marie Canalès-Oglou s'enhardit à présenter ses très-humbles réclamations au pied de votre Trône; quoique tous les momens précieux de votre Majesté soient continuellement absorbés par une multiplicité infinie d'affaires importantes!

Eh! SIRE, à quelle autre personne, cet illustre Etranger pourrait-il jamais s'adresser pour obtenir justice dans une affaire, où toutes les lois de votre empire et leurs formes exécutrices ont été violées publiquement; sinon à votre auguste Personne, l'âme vivifiante du Très-Haut, envoyée du ciel pour être l'ange tutélaire de la France, et le port assûré de toutes les victimes de l'oppression!

Si Gelboë pleura autrefois la mort de Saül, ainsi que le firent les fidèles serviteurs de Louis XVI ; Sion se réjouit de l'exaltation de David! De même, ô Empereur et Roi!

tous les bons Français, remplis de joie et d'allégresse à votre glorieux avènement au Trône, en ont rendu mille actions de graces à l'Éternel, et ne cesseront de l'en bénir !

Mais, SIRE, permettez à un de vos plus dévoués serviteurs et sujets, de vous représenter très-humblement que de même que le Seigneur rendit de David les armes puissantes, de même aussi, ô Prince magnanime ! Dieu affermira votre sceptre par toute la terre, tant que vous serez animé de cet esprit du prophète royal !

Que votre Majesté daigne donc abaisser un regard paternel sur un Etranger, faible et sans appui dans vos vastes et florissans Etats ; et qui, ayant tout quitté dans sa patrie, honneurs, richesses et grandeurs dus à sa naissance et à son rang, pour embrasser la religion de vos pères, compte, parmi ses titres les plus glorieux, celui d'être réputé un de vos sujets!

Si le grand âge de Canalès-Oglou ne lui permet pas aujourd'hui d'avoir l'honneur de vous offrir son bras ; élevant tous les jours ses mains vers le ciel pour la prospérité constante des armes de votre Majesté, il vous présente un fils, qui, maintenant au Prytanée, n'aspire qu'après le moment glorieux de montrer à tous vos ennemis, qu'il est un digne rejeton du sang de ses ancêtres. Vive Bonaparte!!!

CONCLUSIONS.

~~~~~~~~~~

Sire,

A ces causes et autres à suppléer de droit et d'équité, et à ce vous mouvant, de votre certaine science, pleine puissance et autorité impériale et royale ;

1° Qu'il plaise à Votre Majesté :

Evoquant (1) pardevers vous le principal et les contestations relatives au jugement du Tribunal civil du Département de la Seine, seconde section, du 4 février 1806, et actuellement pendans à la Cour d'appel dudit Département de la Seine, entre les héritiers du sieur *Léonard Robin,* décé-

---

(1) L'évocation de toutes affaires litigieuses, directement à la personne des Souverains, a été regardée, dans tous les tems, comme un des plus beaux apanages de leurs couronnes : elle remonte à l'antiquité la plus reculée : témoin le jugement de *Salomon,*

dé, le 8 messidor an 10, commissaire du Gouvernement près le Tribunal civil du Département de la Seine et membre du Tribunat; et le sieur *Charles-Marie Canalès-Oglou,* petit-fils de Mahomet, et dont il s'agit :

Et, faisant droit sur le tout, condamner lesdits héritiers

St-Louis (Louis IX), roi de France, se faisait un devoir et un plaisir d'évoquer à lui-même les affaires les plus ordinaires, pour apprendre par-là aux magistrats toute l'importance du dépôt sacré de la justice qui leur était confié, et combien ils devaient être impartiaux envers un chacun. Il arrivait aussi, dit *Mézerai,* que ces sortes d'évocations servaient de prétexte pour ôter au public la connaissance de certains crimes de gens en place, qui, au demeurant, n'en étaient pas moins punis très-sévèrement, comme le faisait exécuter Louis XIII, par le cardinal de Richelieu.

Ainsi, dans l'espèce, le sieur Canalès-Oglou se croit donc bien fondé à demander, directement devant Sa Majesté, l'évocation de son affaire, où il ne s'agit que de vols, de faux et d'autres friponneries de ce genre de la part de Magistrats et Fonctionnaires publics. Autrement, n'aurait-il pas à craindre que, par un esprit de corps mal entendu, on ne fermât les yeux sur les crimes dont il est devenu victime? Déjà, pour étouffer cette affaire, et dans la croyance que la fortune du sieur Canalès-Oglou ne lui permettrait pas de la poursuivre, il a été rendu un jugement *d'expédient* qui l'a condamné à fournir la caution *judicatum solvi*; (que l'on a évaluée à dix mille livres), sous prétexte qu'il était étranger. Le sieur Canalès-Oglou ayant fourni cette caution, quoique naturalisé Français, il est donc intervenu cet autre jugement *d'expédient* du 4 février 1806.

Robin à rendre et restituer audit sieur Canalès-Oglou, dans les vingt-quatre heures, à compter du jour de la signification de votre décret à intervenir, la succession du sieur Jean-Marie-Alix de Boullon Morange, décédé le 29 juillet 1788, (ladite succession montant à *plus* de deux millions), envahie et usurpée, contre tous droits des gens, par ledit sieur Léonard Robin, sous le spécieux prétexte d'un testament dudit sieur de Boullon Morange en faveur du susdit sieur Robin; mais ledit testament, faux et supposé par

---

Certainement, ce n'est pas là l'Esprit des Lois de *Montesquieu!* Les prophètes *Isaïe* et *Habacuc*, et l'historien *Flave-Josephe* se plaignent vivement de cette condescendance criminelle des tribunaux de leurs tems envers les puissans et les riches contre les faibles et les pauvres, à laquelle seule ils attribuent la ruine du peuple de Dieu par un juste jugement du Seigneur. Rome ne dut la décadence de son Empire qu'à la corruption de ses tribunaux; de même que les florissantes républiques de la Grèce ne dûrent leur chute qu'aux injustices criantes de leurs Ephores et de leurs Archontes.

Ah! si notre auguste Empereur, Napoléon-le-Grand, était instruit particulièrement de ces forfaits, il s'empresserait bientôt de les punir, fût-ce même contre le Grand-Juge! Le roi *Cambyse* fit écorcher tout vif son intime ami, pour avoir prévariqué dans l'administration de la justice qu'il lui avait confiée : qu'il serait à désirer que l'on mît dans toutes les salles des Palais de Justice de l'Empire, un tableau de ce trait historique, et tel qu'on le voit dans les galeries du Louvre si merveilleusement parachevé par l'invincible Bonaparte, avec ce beau vers de Virgile :

Discite justitiam, moniti, et non temnere Divos!

les notaires instrumentaires (1), et duquel testament ledit sieur Robin a reconnu lui-même l'illégalité, lors de deux jugemens provoqués et rendus, à sa sollicitation, au Bureau des Finances et Chambre du Domaine de la Généralité de Paris, les 4 et 18 août 1789, lesquels dits deux jugemens avaient déclaré ladite succession dudit sieur de Boullon Morange échue et dévolue au Roi, à titre de déshérence, droit d'aubaine ou autrement (2).

Condamner en outre lesdits héritiers Robin à la restitution des fruits et intérêts, à compter du jour de l'indue jouissance dudit sieur Robin; comme aussi, à faire audit sieur Canalès-Oglou la remise de tous les titres et papiers dépendans de ladite succession, conformément et d'après l'inventaire rédigé devant M*e* *L'Homme* et son collègue, notaires à Paris, le 12 août 1788 et jours suivans.

Condamner pareillement lesdits héritiers Robin aux dommages-intérêts à donner par déclaration, et aux dépens.

---

(1) Les deux notaires, instrumentaires du testament faux et supposé du sieur de Boullon Morange, se nomment, suivant l'expédition de ce testament, *Griveau* et *L'Homme* : ce dernier, auquel le sieur Jallabert a succédé, est annoncé le possesseur de la minute.

(2) Les officiers de la chambre du Domaine, qui paraissent avoir figuré aux deux jugemens des 4 et 18 août 1789, absolument ignorés du Domaine, se nomment *Denis* et *Malus Demitry*, d'après les signatures apposées au bas des expéditions desdits jugemens, certifiées conformes.

Le tout, sans préjudice des autres dûs, droits, actions et prétentions du sieur Canalès-Oglou, à lui résultans contre lesdits héritiers Robin, aux causes du testament de feu Montbrun, valet-de-chambre du sieur de Boullon Morange, passé devant M⁵ Coupery et son collègue, notaires à Paris, le 10 pluviôse an 10 ; sur lequel dit Montbrun, icelui sieur Léonard Robin avait aussi envahi et usurpé ce qui pouvait lui revenir dans la succession dudit sieur de Boullon Morange;

Et encore, sans préjudice des recours en garantie à exercer par ledit sieur Canalès-Oglou, même des voies extraordinaires, contre tous fauteurs, adhérens et complices, tant dudit sieur Léonard Robin, que des héritiers dudit Robin.

2° Qu'il plaise aussi à VOTRE MAJESTÉ donner acte au sieur Canalès-Oglou de la dénonciation qu'il vous fait par ces présentes, du concert frauduleux qui a existé entre les sieurs *Thévenin* et *Monin*, ses défenseurs officieux, le sieur *Perrache*, son avoué, et le sieur *Bonnet*, défenseur officieux de la dame Robin et du sieur Robin, fils, et les sieurs *Desrez* et *Charpentier*, leurs avoués, pour induire en erreur la justice et empêcher le cours des lois ; ledit concert frauduleux prouvé lumineusement, tant par les défenses et plaidoyeries respectives, que par les pièces jointes, notamment par les prétendus jugemens de la Chambre du Domaine :

Et faisant droit sur ladite dénonciation, déclarer lesdits

sieurs *Thévenin*, *Monjn*, *Bonnet*, *Perrache*, *Desrez* et *Charpentier*, suspens et incapables de toutes fonctions publiques, et les condamner solidairement avec la dame Robin et le sieur Robin, fils, aux dommages-intérêts et aux dépens envers ledit sieur Canalès-Oglou.

SIRE : le sieur Canalès-Oglou, en vous demandant l'évocation du principal, directement pardevers vous, ne fait en cela que se conformer aux intentions de votre Majesté, qui, sur la pétition qu'il eut l'honneur de vous présenter, lorsque vous étiez premier Consul, lui fit faire réponse, le 20 floréal an 12, par le ministre de la justice, de s'adresser d'abord à un homme probe et intelligent, pour diriger son mémoire de réclamations.

Voilà enfin ce mémoire, calqué scrupuleusement d'après l'examen des pièces justificatives et d'après les lois de l'Empire ! mais sur lequel il n'appartient qu'à votre Majesté de prononcer personnellement, à cause des faits graves qu'il renferme contre des *Fonctionnaires publics*, des *Notaires*, des *Juges*, un *Commissaire du Gouvernement*, un *Membre du Tribunat*.

SIRE, le sieur Canalès-Oglou, son épouse et toute sa petite famille attendent avec confiance cet acte de justice, de la bonté paternelle de votre Majesté.

A Paris, le 12 août 1806.

Signé CANALÈS-OGLOU.

CONSULTATION

POUR LE SIEUR CANALÈS-OGLOU;

CONTRE LES HÉRITIERS ROBIN.

~~~~~~~~~

LE Conseil, soussigné, qui a lu les réclamations ci-jointes du sieur Canalès-Oglou contre les héritiers Robin, et qui a examiné toutes les pièces à l'appui ;

ESTIME qu'il n'y a rien à ajouter à la légitimité de ces réclamations, qui sont tellement motivées et étayées de pièces corroborantes et inexpugnables, que l'on n'hésite pas d'assurer que le sieur Canalès-Oglou n'a aucunement à craindre de ne pas les voir accueillies par-tout où président la connaissance du cœur humain et l'esprit des lois.

En effet, toute la contexture du testament du sieur de Boullon Morange en faveur du sieur Léonard Robin, passe toute vraisemblance.

Certainement, on aurait peine à croire que la diction d'un testament, dont l'expédition contient huit pages minutées *in-folio*, ait pu se faire en moins d'une heure et au milieu de la nuit, par un moribond, décédé quelques heures après.

Il n'est pas non plus croyable qu'un testateur, sans aucune teinture des lois, ni des termes de pratique, ait pu dicter et nommer, dans son lit, malade *in extremis*, un testament qui réunit la plus grande présence d'esprit à la plus profonde connaissance des termes techniques.

Si le sieur de Boullon Morange, le cousin-germain du sieur Canalès-Oglou, le seul parent qu'il eût à réclamer dans tout l'univers, et de plus son intime ami; si, dit-on, il eût été lui-même l'auteur du testament qui paraît aujourd'hui sous son nom, il n'est guères présumable qu'il auroit oublié cet ami, *son cher cousin*, (expressions familières du sieur de Boullon Morange), au point de n'en pas faire la plus légère mention.

Si le testateur eût été sain d'esprit et d'entendement, ainsi que l'annonce le testament; comment présumer qu'il aurait inséré une foule de legs pour des sommes considérables en faveur d'individus inconnus, ou du moins indifférens? Comment penser qu'il eût pu léguer une somme de quatre-vingt mille livres au sieur Perron, notaire, et à sa fille vingt mille livres; tandis que ledit sieur Perron lui devait une somme de deux cent mille livres dont il lui servait régulièrement la rente, pour argent mis en dépôt chez lui par le testateur; et que celui-ci eût fait ces deux legs, sans parler de ce dépôt? Comment se persuader qu'il ait pu léguer au sieur Léonard Robin une somme de soixante-dix mille liv. pour s'acquitter envers lui d'une dette de pareille somme ; tandis que le sieur Robin était son débiteur aux causes de billets pour argent prêté; tandis que lui encore sieur Robin avoue, dans des écrits dictés et signés par lui, qu'il a été généreusement payé de tout ce qui paraît faire l'essence de cette prétendue dette de soixante et dix mille liv.? Comment croire qu'un homme profondément religieux, qui semble dicter, avec tant de complaisance, divers legs pieux considérables, les anéantisse tout à coup à la fin de son testament, en disant impérativement que le legs de 70,000 l. sera payé audit sieur Robin, par privilège et préférence, et sans concurrence à tous autres legs? En un mot, comment s'imaginer que le testateur ait pu nommer et instituer ledit sieur Robin pour son légataire universel, en le considérant comme le principe de sa fortune opulente; tandis qu'il est constant que Louis XV, à la sollicitation de M. le Dauphin, est l'auteur de cette fortune, par un arrêt de son Conseil d'Etat, du 24 septembre 1761; et que le testateur n'a réellement connu le sieur Robin qu'en 1778, époque où, à la recommandation de personnes charitables, il l'a constitué pour son intendant, en le retirant de la profonde misère où il était plongé?

Au reste, le sieur Robin, d'après les lois, n'a jamais pu

être un seul instant le légataire universel du sieur de Boullon Morange, dans la circonstance sur-tout où, celui-ci étant en procès pour la majeure partie de ce legs universel, lui sieur Robin avait en sa possession, comme intendant et faiseur d'affaires, tous les titres et papiers de son maître.

Cette partie est clairement démontrée dans le paragraphe deuxième de la deuxième question des réclamations.

Aussi, le sieur Robin était tellement pénétré lui-même de l'illégalité de ce prétendu testament, qu'il n'a jamais osé s'adresser à aucune autorité constituée, pour en requérir l'envoi en possession, quoique la loi y fût formelle; et qu'après s'en être emparé d'autorité privée, voulant néanmoins couvrir son usurpation de quelque prétexte, et profitant adroitement des troubles de notre révolution, il a sollicité, un an et plus après son usurpation, au Bureau de la Chambre du Domaine de la Généralité de Paris, les 4 et 18 août 1789, deux jugemens, qui, d'après ses propres conclusions, déclarent la succession du sieur de Boullon Morange (laquelle revendique aujourd'hui le sieur Canalès-Oglou), échue et dévolue au Roi, à titre de déshérence.

Or, si la succession du sieur de Boullon Morange a été déclarée, en 1789, échue et dévolue au Roi, elle ne pourrait donc aujourd'hui qu'appartenir au Domaine? Dès-lors, le sieur Léonard Robin n'en aurait donc joui qu'à titre d'usurpation, et ses héritiers n'y ont donc aucune sorte de droits? et ils y en ont d'autant moins, qu'eux-mêmes ont fait signifier au sieur Canalès-Oglou les deux jugemens du Bureau de la Chambre du Domaine.

Le jugement du Tribunal civil du Département de la Seine, du 4 février 1806, a déjà préjugé l'illégalité du testament du sieur de Boullon Morange, en renvoyant les parties pardevers le Domaine, en conséquence des deux jugemens susdatés de la Chambre du Domaine.

Il n'est pas douteux que ce jugement du Tribunal civil eût été entièrement favorable au sieur Canalès-Oglou, si ses droits eussent été pour lors établis, comme ils le sont aujourd'hui par ses réclamations : et il y a d'autant moins lieu d'en douter, que le Domaine, bien loin de rien prétendre à la succession du sieur de Boullon Morange, déclare lui-même expressément qu'elle appartient au sieur Canalès-Oglou, comme son seul parent et unique héritier; et que les héritiers Robin ne peuvent se dispenser de lui en faire la restitution avec les fruits et intérêts. On ne peut trop le répéter : les pièces, jointes aux réclamations, ne laissent rien à désirer.

Délibéré à Paris, le seize août 1806.

ADAM, *Ancien Avocat*,
rue Saint-Dominique-d'Enfer, n° 10,
division des Thermes.

BONHOMME, *Avocat*,
même demeure.

TABLE.

Exorde. . . . . pages   3

Narration. 10

Vie politique d'*Amet-Mémis*, aujourd'hui sieur *Canalès-Oglou*. 11

Vie politique de *Méhémet-Aly*, appelé le sieur de *Boullon Morange*, cousin-germain du sieur *Canalès-Oglou*. 21

Faits relatifs au prétendu testament du sieur de *Boullon Morange*. 27

Faits relatifs à la réclamation judiciaire du sieur *Canalès-Oglou*, de la succession du sieur de *Boullon Morange*, son parent. 36

Confirmation. 47

Première question. *Le sieur Canalès-Oglou est-il véritablement habile à se dire et à se porter seul héritier du sieur de Boullon Morange, son parent ?* 48

I Discussion. *Le sieur Canalès-Oglou est né Turc.* 53

IIe Discussion. *Le sieur Canalès-Oglou est le cousin du sieur de Boullon Morange.* 62

IIIe Discussion. *Le sieur Canalès-Oglou est et doit être le seul héritier du sieur de Boullon Morange, son cousin.* 69

Deuxième question. *Quelles sont les causes rescindantes et rescisoires du testament du sieur de Boullon Morange ?* 77

Paragraphe premier. *Le testament du sieur de Boullon Morange est rescindé par le fait.* . . 88

Paragraphe deuxième. *Le testament du sieur de Boullon Morange est rescindé par le droit.* . . 103

Preuves subsidiaires *de la suggestion et de la supposition du testament du sieur de Boullon Morange.* 115

Péroraison. 118

Conclusions. 130

Consultation. 136

Fin de la Table.

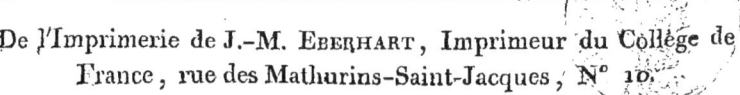

De l'Imprimerie de J.-M. Eberhart, Imprimeur du Collège de France, rue des Mathurins-Saint-Jacques, N° 10.

www.ingramcontent.com/pod-product-compliance
Lightning Source LLC
Chambersburg PA
CBHW060149100426
42744CB00007B/958